Aqua-Fitness

Aqua-Aerobic, Aqua-Power, Aqua-Jogging, Wassergymnastik

Thorsten Dargatz / Andrea Koch

AQUA-FITNESS

Aqua-Aerobic, Aqua-Power, Aqua-Jogging, Wassergymnastik

COPRESS SPORT

Produktion und Layout:
VerlagsService Dr. Helmut Neuberger
& Karl Schaumann GmbH

Umschlaggestaltung: Stiebner Verlag
nach einem Reihenkonzept von
Studio Schübel, München
Titelfoto: Ralph Sondermann

Abbildungen Innenteil:
Studio + Fachlabor Hesterbrink
(Fotograf: Ulrich Pölert)

Zeichnungen (nach Vorlagen der
Autoren): Günter Wiesler

Die Deutsche Bibliothek –
CIP-Einheitsaufnahme
Dargatz, Thorsten:
Aqua-Fitness: Aquarobic,
Aqua-Jogging, Aqua-Power,
Wassergymnastik/Thorsten Dargatz;
Andrea Koch –
4., durchges. Aufl., aktualisierte Ausg.
München : Copress Sport, 2002
(Sportinform Fitness)
ISBN 3-7679-0644-9

4., durchgesehene Auflage 2002

Gesamtherstellung: Stiebner, München
www.copress.de
Printed in Germany
ISBN 3-7679-0644-9

Die Autoren

Thorsten Dargatz, Jahrgang 1964, absolvierte 1993 sein sportwissenschaftliches Diplom an der DSHS in Köln und arbeitete sowohl in der klinischen als auch in der ambulanten Rehabilitation. Er war als freier Mitarbeiter mehrerer gesundheitsorientierter Zeitschriften tätig. Zusätzlich arbeitete er im Bereich der Entwicklung medizinischer Trainingsgeräte und war Dozent an der staatlichen Lehranstalt für Physiotherapie in Detmold. Zuletzt war er Fachredakteur eines Gesundheitsmagazins. Heute ist er bei der *Bild am Sonntag* Medizinredakteur.

Andrea Koch, Jahrgang 1967, ist Diplomsportlehrerin und ausgebildete Rückenschulleiterin. 1997 erwarb sie die Qualifikation für die erweiterte ambulante Physiotherapie (EAP). Nach zweijähriger Tätigkeit in einer orthopädischen Klinik arbeitet sie heute als Leiterin der Sport- und Bewegungstherapie in der Asklepios Burgsee Klinik Bad Salzungen. Andrea Koch ist bereits Autorin mehrerer sportinform-Praxis-Ratgeber.

Inhalt

Kapitel 1
Bewegung im Wasser

Das Wasser besitzt eine ganze Reihe von positiven Eigenschaften, die es einem großen Personenkreis ermöglichen, ein ideales Fitneßtraining durchzuführen. Durch die Auftriebskraft des Wassers reduziert sich das Körpergewicht um ein Vielfaches, so daß auch stark übergewichtige Personen Fitneßprogramme in Angriff nehmen können. Ein großer Teil des Stütz- und Bewegungsapparates, besonders die Wirbelsäule und die Gelenke werden entlastet. Die Verletzungsgefahr im Wasser ist auf ein Minimum reduziert, selbst wenn Bewegungen falsch ausgeführt werden.

Im Rahmen des Gesundheitssports hat sich ein aerobes Ausdauertraining als ideal erwiesen. Aerob (sauerstoffabhängig) bedeutet, die Belastung wird so gewählt, daß der Körper für die zu leistende Arbeit immer genügend Sauerstoff zur Verfügung hat.

Ein aerobes Ausdauertraining, besonders im Wasser, ist zudem von fast jedem durchführbar. Gehören Sie allerdings zu dem Personenkreis, der über lange Zeit oder noch nie Sport getrieben hat, sollten Sie sich vor Beginn des Aqua-Fitneß-Trainings sportärztlich untersuchen lassen.

Bei der Aqua-Fitneß handelt es sich um dynamische Bewegungsformen, bei denen mehr als 1⁄7 bis 1⁄6 der gesamten Skelettmuskulatur bewegt wird. Die Muskulatur steht bei den Bewegungen nicht unter Dauerspannung, sondern es erfolgt ein ständiger Wechsel von Anspannung und Entspannung, wie es für zyklische Bewegungen charakteristisch ist.

Werden die verschiedenen Formen der Aqua-Fitneß regelmäßig und über längere Zeit durchgeführt, kommt es zu Anpassungserscheinungen (Adaptationen), die sich auf das Vegetativum, auf das Herz-Kreislauf-System, die Muskulatur, den Sehnen-Band-Apparat und die Gelenke positiv auswirken und zu einer höheren Leistungsfähigkeit führen. Wie folgende Grafik verdeutlicht, passen sich die einzelnen Bereiche unterschiedlich schnell an.

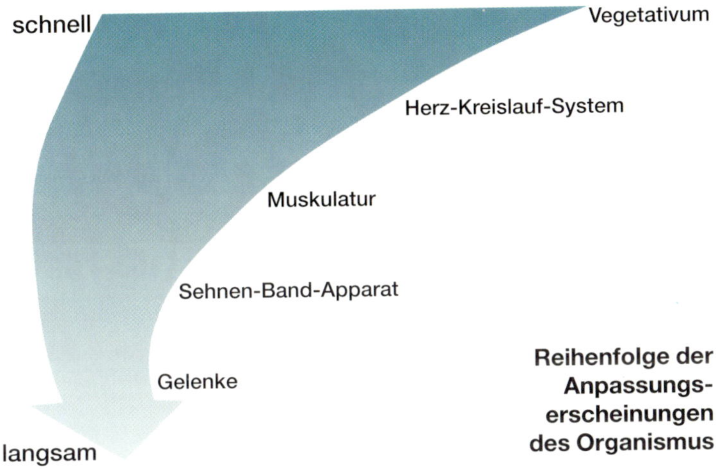

Reihenfolge der Anpassungserscheinungen des Organismus

Durch die sportliche Belastung kommt es zu einer Störung des biologischen Gleichgewichts, die auch Homöostasestörung genannt wird. In der Erholungsphase paßt sich der Körper der wachsenden Belastung an und entwickelt so eine höhere Leistungsfähigkeit durch einen erhöhten Funktionszustand. Grafisch dargestellt sieht das folgendermaßen aus:

Belastung
⇓
Erholung
⇓
Anpassung (Adaptation)
⇓
erhöhter Funktionszustand (höherer Leistungsstand)

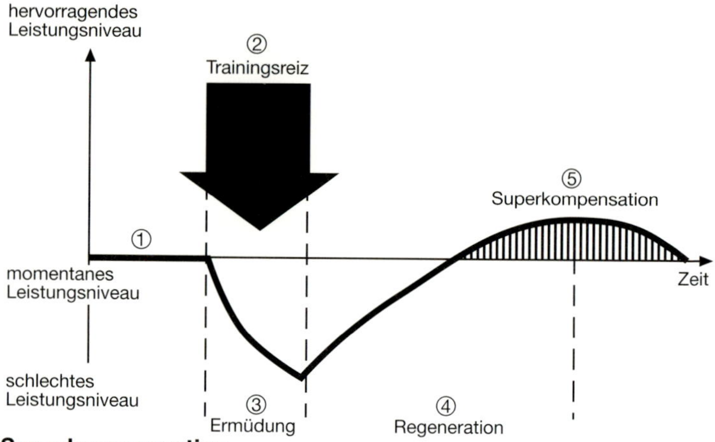

Superkompensation

Diese biologische Kette wird erst in Gang gesetzt, wenn der Reiz eine bestimmte Schwelle überschreitet, die individuell unterschiedlich hoch liegt.

In der Sportwissenschaft wird die Anpassungserscheinung nach einer Trainingsbelastung mit dem Begriff der »Superkompensation« beschrieben. Abhängig von der Trainingsbelastung kann es in der Erholungsphase zu einer überschießenden Reaktion kommen, d. h., die sportliche Leistungsfähigkeit wird erhöht.

Die Phase der Superkompensation ist die erste Anpassung des Sportlers an sportliche Belastungen. In der oberen Abbildung werden die einzelnen Stufen der Superkompensation noch einmal grafisch dargestellt. Die untere Abbildung zeigt den ansteigenden Trainingszustand.

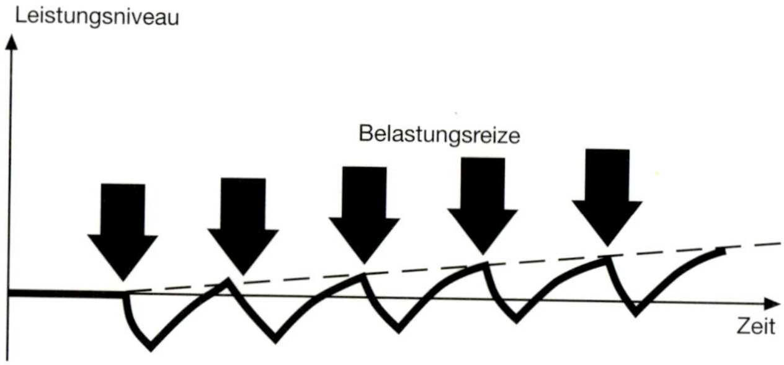

Trainingszustandsverbesserung

Vorteile für das Herz-Kreislauf-System

Wie beim Training an Land, so ist auch im Wasser die Senkung der Herzfrequenz erstes Zeichen einer Anpassungserscheinung. Durch sportliche Belastung stellt sich der Körper von einem auf Leistung ausgerichteten Typ (sympathikotoner Typ) zu einem auf Erholung ausgerichteten Typ (vagotoner Typ) um. Für diesen Effekt sind zwei Faktoren verantwortlich:

1. die Senkung der Erregerstoffe, die auch Sympathikusstoffe genannt werden
2. die Erhöhung der für die Erholung zuständigen Vagusstoffe (Acetylcholin)

Der bekannteste Sympathikusstoff ist Adrenalin. Er gehört zur Gruppe der Katecholamine, deren Freisetzung zu einer Steigerung der Herzfrequenz führt. Katecholamine verbrauchen sehr viel Sauerstoff und können im Herzen einen Sauerstoffmangel hervorrufen. Durch ein Ausdauertraining kann die Freisetzung von Katecholaminen um über 30% gesenkt werden, wodurch das Herz weniger empfindlich auf Erregerstoffe reagiert.
Diesbezügliche Vorteile eines Trainings im Wasser entstehen durch den hydrostatischen Druck, der die an der Hautoberfläche liegenden Blutgefäße zusammendrückt. Das Blut wird in den Brustraum gedrückt, wodurch das Herz mit einem erhöhten Blutangebot arbeiten muß. Die Vordehnung des Herzmuskels wird erhöht, das Herzschlagvolumen vergrößert und die Herzfrequenz gesenkt.
Ausdauerbelastungen führen zudem zu einer Vergrößerung des Herzmuskels (Myokard), der wie eine Saug-Druck-Pumpe arbeitet. Bei vergrößertem Herzen ist sowohl die Saug- als auch die Druckphase erheblich verlängert. Das Herz benötigt weniger Sauerstoff und wird länger und besser durchblutet.
Im Rahmen der Kreislaufregulation ist das Venensystem dafür zuständig, das Blutangebot dem aktuellen Bedarf anzupassen. Durch ein Ausdauertraining wird die venöse Kapazität erhöht.

Ein weiterer wichtiger Faktor im Rahmen eines Aqua-Fitneß-Trainings ist die Atmung. Die Steigerung der Ventilation (Atmung) ist das sichtbarste äußere Zeichen einer intensiven sportlichen Belastung. Atmung beschreibt den Verbrauch von Sauerstoff unter Bildung von Kohlendioxid und Wasser und ist von der Vitalkapazität abhängig.
Die Vitalkapazität ist dabei die Luftmenge, die nach maximal möglicher Einatmung maximal ausgeatmet werden kann. Bei der Atmung spielt der hydrostatische Druck wieder eine wichtige Rolle. Da er auch auf Bauch und Brust wirkt, kommt es bei der Atmung zu Veränderungen: Durch den Wasserdruck wird die Einatmung erschwert, wodurch die Atemmuskulatur gekräftigt wird. Die Ausatmung wird durch den Druck erleichtert und vertieft.

Auswirkungen auf den Muskelapparat

Jede Bewegung des menschlichen Körpers ist an das Skelett und die mit ihm verbundene Muskulatur gebunden. Bei der Muskulatur werden drei verschiedene Fasertypen unterschieden:

- langsam reagierende Fasern (slow-twitch)
- schnell reagierende Fasern (fast-twitch)
- Intermediärtyp (Gleichgewicht zwischen Slow-twitch- und Fast-twitch-Fasern)

Bei der Aqua-Fitneß werden hauptsächlich die Slow-twitch-Fasern beansprucht. Da das Wasser eine viel höhere Dichte aufweist als Luft, werden die Bewegungen im Wasser stark gebremst. Für eine Leistung muß viel mehr Kraft aufgewendet werden als an Land, so daß hauptsächlich die langsam reagierenden und auf Ausdauer spezialisierten Muskelfasern arbeiten müssen.
Damit ein Muskel überhaupt arbeiten kann, benötigt er Energie. Der Skelettmuskulatur stehen dabei eine ganze Reihe von Energieträgern zur Verfügung, die je nach Länge und Art der Belastung zum Einsatz kommen. Bei Schnellkraftbela-

stungen bis zu 50 Sekunden sind es die energiereichen Phosphate Kreatinphosphat (KP) und Adenosintriphosphat (ATP).
Bei einer Belastungsdauer von zwei bis zehn Minuten wird die Energie überwiegend aus Kohlenhydraten gewonnen. Bei längeren Ausdauerbelastungen wird die Energie aus der Glykolyse oder der Fettverbrennung gewonnen. Ist die Belastung intensiv und lang genug und werden so die Energiedepots stärker beansprucht, wird der Körper zu einer Mitochondrienvergrößerung und -vermehrung veranlaßt.
Dadurch ist es den Zellen möglich, eine größere Energiemenge zu speichern und bei Bedarf freizusetzen. Mitochondrien gelten als die Kraftwerke der Zelle.

Vorteile für Bänder, Sehnen und Knochen

Der große Vorteil eines Bewegungstrainings im Wasser ist die minimale Belastung für Knochen, Sehnen und Bänder. Die bereits beschriebenen Anpassungserscheinungen durch ein genügend intensives Training wirken sich erst sehr spät auf die Belastungsfähigkeit der Knochen, Sehnen und Bänder aus. Diese Tatsache kann beim Training an Land zu einem leistungslimitierenden Faktor werden und die bereits erzielten Erfolge für das Herz-Kreislauf-System und die Muskulatur zunichte machen, wenn überlastete Bänder zu einer Aufgabe des Trainings zwingen. Im Hochleistungssport wird das Training im Wasser schon seit langem praktiziert. Ist ein Athlet aufgrund einer Verletzung nicht in der Lage, sein normales Training durchzuführen, hält er sich mit Aqua-Jogging fit, um nicht zuviel Leistungsvermögen zu verlieren.
Häufig an Bändern, Sehnen und Knochen verletzte Fußballspieler oder Leichtathleten praktizieren ein Wassertraining schon seit langer Zeit und sind so im Stande, den normalen Trainingsprozeß wieder mit hoher Leistungsfähigkeit aufzunehmen.
Linda Huey, amerikanische Aqua-Fitneß-Expertin, hat einen mehrere Aspekte umfassenden Fitneßkatalog zusammengestellt, der folgende Bereiche umfaßt:

- **Beweglichkeit (Flexibilität)**

Beweglichkeit ist die Fähigkeit und Eigenschaft eines Sportlers, Bewegungen mit großer Schwingungsweite selbst oder unter dem unterstützenden Einfluß äußerer Kräfte in einem oder mehreren Gelenken ausführen zu können. Bei einer guten Beweglichkeit können Bewegungen mit größerer Effizienz durchgeführt werden, und das Verletzungsrisiko sinkt. Die Dehnungswiderstände sind die bindegewebigen muskulären Bestandteile wie Muskelfaszien und Muskelhüllen. Da eine Beweglichkeitsverbesserung ein langwieriger Prozeß ist, bietet sich die beruhigende Wirkung des Wassers (welches warm genug sein muß) für ein Stretchingprogramm an.

- **Aerobe Kapazität**

Die Fähigkeit des Körpers, langanhaltende Muskelarbeit zu leisten, basiert auf der Fähigkeit des Körpers, dem tätigen Muskel genügend Sauerstoff für die Arbeit zur Verfügung zu stellen. Eine gute aerobe Kapazität bewirkt zugleich ein stärkeres, besser arbeitendes Herz und eine verbesserte Kapillarisierung, was eine umfangreichere Sauerstoffversorgung für den Muskel darstellt. In den Muskelzellen befinden sich die aeroben Enzyme, die dafür zuständig sind, Sauerstoff und Nährstoffe zu verbinden, um die Energie für die Muskelkontraktion bereitzustellen. Durch ein vernünftiges Fitneßtraining können diese Enzyme besser arbeiten. Hauptmotor ist dabei die Fettverbrennung. Trainierte Personen haben eine höhere Fettverbrennungsrate.

- **Anaerobe Kapazität**

Die Fähigkeit des Körpers, ohne Sauerstoff Muskelarbeit zu leisten. Überschreitet die sportliche Aktivität eine bestimmte, individuell unterschiedliche Schwelle, kann nicht mehr genug Sauerstoff für die Muskelarbeit zur Verfügung gestellt werden. Der Übergangsbereich wird als aerob-anaerobe Schwelle bezeichnet. Anaerobe Arbeit führt zu einem Sauerstoffmangel, und die anfallenden Stoffe der Energieverbrennung können nicht mehr abgebaut werden. Durch das später noch ausführlich beschriebene Intervalltraining kann man den Übergang von aerober zu anaerober Arbeit hinausschieben. Ein trainierter Körper ist länger in der Lage, aerobe Arbeit zu verrichten. Wird trotzdem im anaeroben Bereich gearbeitet, fällt diese Leistung im Wasser erheblich leichter, da die auftretenden Belastungserscheinungen weniger stark beeinträchtigen. Mit anderen Worten, das Training tut nicht so weh.

- **Elastizität des Binde-, Stütz- und Sehnengewebes**

Besonders im Hochleistungssport, aber auch im Gesundheitssport stellt die Elastizität des Binde-, Stütz- und Sehnengewebes den leistungslimitierenden Faktor dar. Werden Trainingsprogramme durchgeführt, deren Intensität über dem derzeitigen Leistungsniveau liegt, hat dies oft Verletzungen zur Folge. Die positiven Eigenschaften des Wassers reduzieren die Verletzungsanfälligkeit auf ein Minimum. Sollten beim Training an Land Verletzungen auftreten, sind diese durch ein spezifisches Aqua-Fitneß-Training schnell wieder zu kurieren.

- **Kraft**

Die Fähigkeit der Muskulatur, Kraft zu entfalten, um einerseits die alltäglich anfallenden Arbeiten zu erledigen, andererseits ein adäquates sportliches Training durchzuführen. Mit Hilfe der später noch beschriebenen widerstandsvergrößernden Hilfsmittel ist im Wasser ein umfangreiches und schnell zum Erfolg führendes Krafttrainingsprogramm möglich.

- **Koordination**

Die neuromuskuläre Fähigkeit, Bewegungen mit großer Effizienz bei möglichst geringem Kraftaufwand durchführen zu können. Besonders in Sportarten, bei denen es auf sehr schnelle Bewegungsausführungen ankommt, entscheidet eine gute Koordination oder Geschicklichkeit über Sieg oder Niederlage. Um diese Fähigkeit zu verbessern, sind viele Wiederholungen nötig, damit sich im Gehirn ein optimales Bewegungsmuster einschleift. Durch die Dichte des Wassers und der daraus resultierenden langsameren Bewegungsausführung können schwere Bewegungsabläufe optimal trainiert werden.

- **Regeneration**

Die Regeneration gehört zu jeder Trainingseinheit. Bedenken Sie:

Belastung (Training)	+	Erholung (Regeneration)	=	Adaptation (höheres Leistungsvermögen)

Diese Gleichung entspricht dem Trainingsprinzip, daß auf eine harte Trainingseinheit eine leichte folgen sollte, um die Adaptationsprozesse auszunutzen. Ein Regenerationstraining im Wasser ist dafür ideal geeignet.

Nachfolgende Tabelle zeigt die positiven Veränderungen eines aeroben Fitneßtrainings im Wasser:

physische Leistungsfähigkeit	größer
maximale Sauerstoffaufnahmefähigkeit	größer
Vitalkapazität	größer
Atemminutenvolumen	kleiner
Atemäquivalent	kleiner
alveoläre Diffusion	größer
Residualvolumen	kleiner
periphere Sauerstoffextraktion	größer
Myoglobingehalt	höher
Laktatanstieg im Blut	geringer
Ruheherzfrequenz	niedriger
Belastungsherzfrequenz	niedriger
maximal erreichbare Herzfrequenz	höher
Schlagvolumen	größer
Herzarbeit (submaximal)	geringer
periphere Durchblutung in Ruhe	kleiner
periphere Durchblutung bei Belastung	größer
peripherer Widerstand	geringer
Blutdruck (systolisch)	niedriger

Cholesterinspiegel im Blut	niedriger
Triglyceridspiegel im Blut	niedriger
HDL-Cholesterol	höher
Insulinsensibilität	größer
Glycogendepletion der Muskelzellen	geringer
Harnsäurekonzentration im Blut	niedriger
Verbrauch freier Fettsäuren	höher
adrenergischer Antrieb	geringer
Sensibilität der Betarezeptoren	geringer
arterieller Sauerstoffdruck	größer

Kapitel 2
Eigenschaften des Wassers

Neben den neuen Bewegungsformen, die bei der Aqua-Fitneß gelernt werden, muß sich der Übende außerdem mit einem anderen, fremden Umgebungsmilieu – dem Wasser – auseinandersetzen. Dabei spielt neben den physikalischen Eigenschaften auch die Beschaffenheit des Wassers eine große Rolle. Unter Beschaffenheit sind verschiedene Thermal- oder Solebäder mit unterschiedlichen Gas- und Mineralgehalten zu verstehen. Die genannten Bäder finden vor allem im Rahmen der Prävention und Rehabilitation ihre Anwendung. Unterschiedliche Wassertemperaturen werden dabei ebenfalls gezielt eingesetzt.

Das Sporttreiben im Wasser hat neben den schon bekannten Effekten wie Stärkung des Herz-/Kreislaufsystems und Kräftigung der Muskulatur noch weiter positive Effekte besonders im rehabilitativen Bereich.

Ein Vorteil liegt in der ungefähr tausendmal größeren Dichte des Wassers gegenüber der Luft. Die Bewegungen werden stark gebremst, so daß die Verletzungsgefahr gering gehalten werden kann.

Demgegenüber steht die Entlastungsfunktion des Wassers. Die Auftriebskraft entlastet die Gelenke, die Muskeln, die Wirbelsäule und die Bandscheiben. Auch der Wasserdruck zeigt einen positiven Einfluß auf den Organismus. Der Rücktransport des Blutes wird gefördert und damit die Arbeit des Herzens wesentlich verbessert. Nun ist nur noch der Widerstand des Wassers zu nennen. Er wird hauptsächlich durch Form und Geschwindigkeit des sich bewegenden Körpers bestimmt.

Die physikalischen Eigenschaften des Wassers

Dichte

- Auftrieb des Wassers
- Wasserwiderstand
- Hydrostatischer Druck

Auftrieb des Wassers

Nach dem Gesetz von Archimedes erfährt ein sich im Wasser befindender Körper soviel an Gewichtsverlust, wie die von ihm verdrängte Flüssigkeit wiegt. Ein Körper, der sich im Wasser befindet, schwimmt erst, wenn die Schwerkraft des eingetauchten Körpers kleiner als seine Auftriebskraft ist. Um einen Gleichgewichtszustand zwischen der Schwerkraft des Körpers und der Auftriebskraft zu erlangen, steigt der untergetauchte Körper so weit nach oben, daß sogar Teile aus dem Wasser herausragen.

Sind Gleichgewicht und Auftrieb im Einklang, so schwebt der Körper, da zwei entgegengesetzt gerichtete gleich große Kräfte sich aufheben.

Nicht jeder Mensch kann eine gleich gute Auftriebswirkung erzielen. Dies ist abhängig von der Dichte des Körpers. Besondere Bedeutung haben dabei die Hohlräume des Körpers, wie zum Beispiel das Atmungssystem. Die relative Dichte einer Person schwankt im eingeatmeten Zustand zwischen 0,97 kg/m^3 und 0,99 kg/m^3. Im ausgeatmeten Zustand liegen die Werte zwischen 1,03 kg/m^3 und 1,06 kg/m^3. Da die Wasserdichte bei ungefähr eins liegt, sackt ein schwimmender Mensch bei der Ausatmung etwas tiefer ab. Liegt man gestreckt auf dem Wasser sinken bei vielen Menschen die Beine ab. Dies ist zu erklären durch die höhere Dichte der Beine gegenüber der Dichte des Oberkörpers. Die Beine weisen keine Hohlräume auf, sondern sind vor allem aus Knochen, Bändern und Muskeln aufgebaut.

Anders sieht es bei älteren Menschen aus, die Strukturen des Gewebes haben sich durch den Alterungsprozeß verändert. Die Muskelmasse nimmt ab und wird teilweise ersetzt durch Unterhautfettgewebe, außerdem werden die Knochen leichter (Osteoporose). Oftmals sind sogar Probleme zu beobachten, in den aufrechten Stand zu kommen.

Das oben erwähnte Absinken der Beine hat seine Ursache nicht nur in der Struktur der Beine, sondern ist auch physikalisch zu erklären. Auf den Körper wirken zwei schon bekannte Kräfte, der Auftrieb und die Gewichtskraft. Der Volumenmittelpunkt ist Angriffspunkt für die Auftriebskraft, der Körperschwerpunkt für die Gewichtskraft. Die beiden Punkte liegen nicht übereinander, der Volumenmittelpunkt ist etwas brustwärts verschoben.

Die Angriffspunkte sind bei jedem Menschen aufgrund unterschiedlicher Konstitution verschieden. Der Abstand der Punkte mit ihren entgegengesetzt wirkenden Kräften bewirkt ein Drehmoment, welches den Körper in eine stabilere senkrechte Lage bewegt. Verringert werden kann das Drehmoment, indem man die Arme in Verlängerung des Körpers streckt. Durch die Veränderung der Massenverteilung nähern sich die Angriffspunkte, die Beine sinken nicht so stark ab.

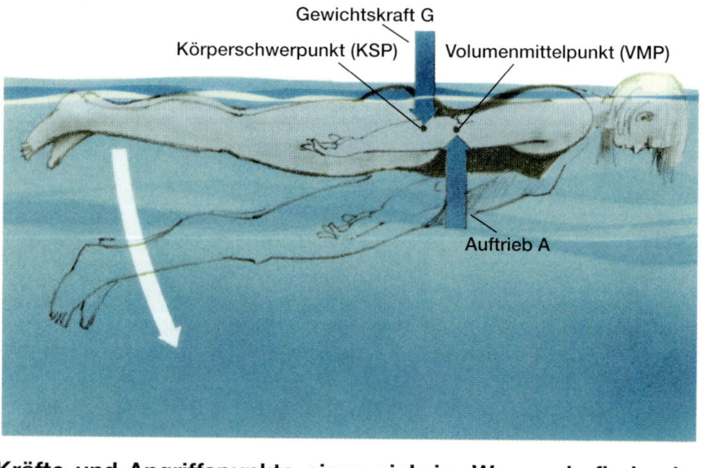

Kräfte und Angriffspunkte eines sich im Wasser befindenden Körpers.

Durch den Auftrieb wird ein Gefühl der Schwerelosigkeit erzeugt. Es erfolgt eine Entlastung des gesamten Stütz- und Bewegungsapparates. Beim Laufen und Hüpfen muß die Muskulatur nur noch einen geringen Teil des Körpergewichtes bewegen und genausowenig müssen die Gelenke wieder abbremsen. Ein Problem zeigt sich durch den Auftrieb vor allem bei Anfängern. Die Standfestigkeit wird reduziert, so daß besonders das Gleichgewichtsorgan gefordert ist.

Wasserwiderstand

Da Wasser eine höhere Dichte als Luft hat, müssen die Bewegungen im Wasser mit mehr Kraft durchgeführt werden. Es gibt im Wasser drei Arten von Widerstand:

a) Reibungswiderstand, auch Oberflächenwiderstand genannt,

b) Druckwiderstand oder Formwiderstand und

c) Wellenwiderstand.

Aus diesen drei Arten läßt sich meßtechnisch ein Gesamtwiderstand ermitteln. Der Widerstand ist von verschiedenen Komponenten abhängig. Zum einen von der Geschwindigkeit, mit der sich der Körper durch das Wasser bewegt. Zum anderen von der Form des Körpers, der Beschaffenheit der Oberfläche und den Wellenverhältnissen. Der Formwiderstand weist den wichtigsten Anteil am Gesamtwiderstand auf. Beim Laufen im Wasser ist der Formwiderstand gegenüber dem Schwimmen sehr hoch, da die gesamte Körperfront gegen das Wasser drückt.

Bei der Geschwindigkeit in bezug zum Widerstand ist ebenfalls eine Gesetzmäßigkeit festgestellt worden. Der Widerstand erhöht sich im Quadrat zur Geschwindigkeit. Das bedeutet, je schneller man sich fortbewegt, desto größer ist der Widerstand.

Bei Übungen, in denen der Wasserwiderstand ausgenutzt oder sogar durch Geräte erhöht wird, wie zum Beispiel ein Schwimmbrett, kann eine gezielte Kräftigung erreicht werden.

Ein weiterer Nutzen des Widerstandes kann für eine gemischte Übungsgruppe gezogen werden. Leistungsunterschiede können aufgehoben werden, da ältere oder leistungsschwächere Teilnehmer die Übungen langsamer und mit weniger Krafteinsatz durchführen können als jüngere, beziehungsweise leistungsfähigere. Die Gruppe führt gemeinsam die Übungen durch, jeder für sich, jedoch mit individueller Belastung.

Hydrostatischer Wasserdruck

Der hydrostatische Wasserdruck beschreibt den Druck, den eine Säule mit Flüssigkeit ausübt. Erzeugt wird dieser Druck durch das Schwerefeld der Erde, somit zeigt sich der höchste Druck im aufrechten Stand, da dabei die im Querschnitt größten Gefäße parallel zur Erdanziehungskraft liegen.

Das Wasser drückt viel stärker auf unseren Körper, als die uns sonst umgebende Luft und der Wasserdruck nimmt mit der Tiefe des Wassers zu. An der Wasseroberfläche herrscht ein Druck von 1 bar, der sich alle zehn Meter um ein weiteres bar erhöht, das heißt in zehn Meter Tiefe ist ein Wasserdruck von 2 bar meßbar. Der Druck wirkt zwar auf den gesamten Organismus, wird von uns Menschen aber nur in den luftgefüllten Hohlräumen wahrgenommen. Dazu zählen vor allem die Lunge, die Nasennebenhöhlen und das Mittelohr. Die Veränderungen bezüglich des Herz-/Kreislauf-Systems sind nicht spürbar.

Tatsache ist, daß die an der Hautoberfläche liegenden Blutgefäße durch den hydrostatischen Druck zusammengepreßt werden. Das Blut wird dadurch in den Brustraum gedrückt, wodurch das Herz dann mit einem erhöhten Blutangebot arbeiten muß.

Das Herz antwortet mit einer stärkeren Vordehnung des Herzmuskels, dabei vergrößert sich das Herzschlagvolumen um ungefähr 20 Prozent. Dementsprechend sinkt die Herzfrequenz und das Herz arbeitet somit wesentlich ökonomischer.

Für Herz-/Kreislauf-Vorgeschädigte stellt der erhöhte Druck im Wasser ein gesundheitliches Risiko dar, weil der Sauerstoffbedarf durch die Blutvolumenverschiebung erhöht ist. Kann der Mehrbedarf von einem geschädigten Herzen (zum Beispiel durch eingeengte Herzkranzgefäße) nicht gedeckt werden, kommt es zu Problemen.

Die Abnahme der Herzfrequenz wird auch beschrieben als Tauchreflex oder Tauchbradykardie. Die Tauchbradykardie ist ein so großer Antrieb für den Kreislauf, daß alle anderen Antriebe überspielt werden.
Da der hydrostatische Druck auch auf den Bauch und die Brust wirkt, zeigen sich Veränderungen bei der Atmung. Die Einatmung wird gegen den Wasserdruck erschwert, was eine Kräftigung der Atemmuskulatur zur Folge hat. Die Ausatmung wird durch den Druck begünstigt und sogar vertieft. Besonders ältere Menschen zeigen häufig Probleme mit der erschwerten Atmung im Wasser. Sie haben Angst, nicht genug Luft zu bekommen und äußern Beklemmungserscheinungen. Die genannten Punkte gelten für die Aqua-Fitneß

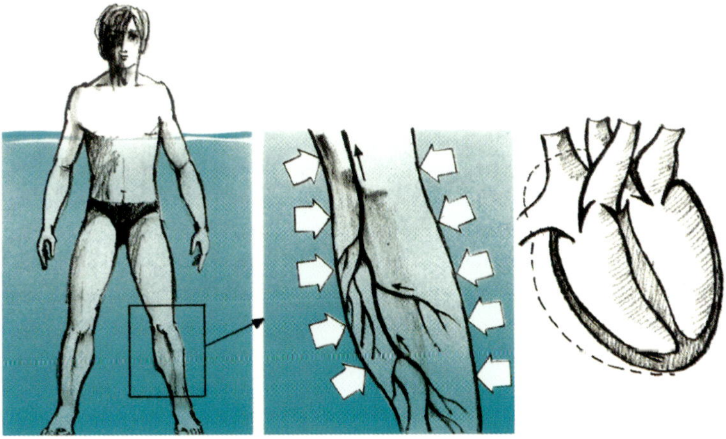

Durch Kompression des Wassers auf die oberflächlichen Hautgefäße werden ca. 200 ml Blut in den Brustraum gedrückt. Das Herz reagiert auf das erhöhte Blutangebot durch eine niedrigere Herzfrequenz, aber gesteigertem Schlagvolumen (Tauchreflex).

nur mit Einschränkungen, da je nach Wassertiefe Kopf und Schultern aus dem Wasser herausragen.
Außerdem sollte noch die Massagewirkung des Wassers positiv erwähnt werden. Durch den Druck werden der Stoffaustausch im Gewebe und die Durchblutung gefördert. Die Blutgefäße bleiben elastisch, da sie sich dem Druck und der Temperatur des Wassers anpassen müssen und sich somit ständig weiten und wieder zusammenziehen.

Kapitel 3
Wassergewöhnung und Wasserbewältigung

3

Wenn Sie zu den Nichtschwimmern zählen oder zu denjenigen, die sich noch nicht mit dem Element Wasser auseinandergesetzt haben, sollten Sie erst einige Wassergewöhnungsübungen durchführen. Der Anfänger muß mit dem Wasser gründlich vertraut gemacht werden, damit er Unsicherheit und Hemmungen verliert und sich an die ungewohnten Reize wie Wasserdruck, Kälte, erschwerte Atmung, verlangsamte Bewegungen etc. gewöhnt. Sicheres Verhalten und zweckmäßiges Fortbewegen sind unbedingte Voraussetzungen für alle sportlichen und gesundheitsfördernden Bewegungen im Wasser.

Als wassersicher bezeichnet man einen Menschen, der in der Lage ist unterzutauchen, ins Wasser auszuatmen oder in tiefes Wasser zu springen.

In der heutigen Zeit ist es nicht ungewöhnlich, daß in einer gemischten Übungsgruppe von zehn Personen, im Alter zwischen 30 und 65 Jahren, meist ein oder zwei Nichtschwimmer zu finden sind. Oftmals verbirgt sich hinter dem Phänomen des Nicht-Schwimmen-Könnens die Angst vor dem Wasser, ausgelöst durch ein Kindheitstrauma.
Gehören Sie zu den Aqua-Fitneß-Anfängern, sollten zunächst einige spezielle Übungsteile zur Wassergewöhnung und -bewältigung eingebaut werden, damit Sie sich nach einiger Zeit frei und ungehemmt im Wasser bewegen können. Die Wassergewöhnung kann dabei schon zu Hause unter der Dusche oder in der Badewanne beginnen.

Lassen Sie sich das Wasser über das Gesicht laufen und gewöhnen Sie sich daran, daß es in Mund, Augen und Ohren eindringt.

Nach *Wilke* (1990) versteht man unter der Wassergewöhnung allgemein das Gehen, Laufen, Hocken, Springen und Spielen im und mit dem Wasser. Der Mensch muß sich zunächst mit den veränderten Bedingungen im Wasser anfreunden und sich von den gewohnten, an Land herrschenden Voraussetzungen lösen.

Zu den veränderten Bedingungen im Wasser gehören:

- Verlangsamte Bewegung:
  Aufgrund der erhöhten Dichte des Wassers gegenüber der Luft sind keine schnellen Bewegungen mehr möglich.
- Erschwerte Atmung:
  Der Wasserdruck kann eine Art Bedrückung ausüben, die besonders auf dem luftgefüllten Brustkorb spürbar wird.
- Verlust des Gleichgewichts:
  Durch die Auftriebswirkung des Wassers kann der Körper je nach Eintauchtiefe in eine Art Schwerelosigkeit versetzt werden. Selbst in hüfttiefem Wasser kann es schwierig sein, auf Anhieb die Füße auf den Boden zu stellen und sich aufzurichten.
- Brennende Augen:
  Durch Wasserspritzer oder Untertauchen des Kopfes dringt Wasser an die Augen, durch chemische Zusätze wie Chlor usw. wird die Netzhaut gereizt.
- Orientierungslosigkeit:
  Häufiges Augenschließen oder ungewohnte Lagen im Wasser, z.B. Rückenlage.
- Frieren:
  Ragt ein großer Teil des Körpers aus dem Wasser heraus oder werden längere Pausen eingelegt, erfährt der nasse Körper Verdunstungskälte.

Die Wassergewöhnung gilt als abgeschlossen, wenn Sie ohne Schwierigkeiten im hüfttiefem Wasser laufen und hüpfen können oder ohne Probleme das Gesicht ins Wasser legen können.
Nach der Wassergewöhnung sollte die Wasserbewältigung folgen. Zielsetzung der Wasserbewältigung ist es, den Sportler »wassermündig« zu machen, so daß Sie die Eigenschaften des Wassers nach und nach in den Griff bekommen und das sogenannte Wassergefühl verbessern.

3

Folgende Fähigkeiten sollten geschult werden (Wilke 1990):

- Wassergreifen:
  den Widerstand des Wassers mit den Hand- und Fußflächen empfinden
- Schweben:
  die Auftriebskraft des Wassers ausnutzen
- Atmen:
  gleichmäßige und ruhige Atmung auch gegen den Wasserwiderstand
- Tauchen:
  die Augen unter Wasser öffnen

Spezielle Übungsformen für die Wasserbewältigung halten wir für überflüssig, da das Programm der Aqua-Fitneß darauf abzielt, die positiven Eigenschaften des Wassers zu nutzen und zu erfahren. Letzten Endes sollte sich der Übende im Wasser wohl fühlen.

Psychologische Aspekte

Die psychologischen Aspekte der Aqua-Fitneß beziehen sich vor allem auf die Angstzustände gegenüber dem Wasser. Ziel der Psychologie sollte es sein, die Ängste langsam abzubauen und positive Erlebnisse mit dem Wasser überwiegen zu lassen. Die Angst läßt sich nach ihren Ursachen im Hinblick auf wasserungewöhnte Menschen unterteilen in:

- die Angst vor der Bedrohung des Wassers

Die Angst kann aus der Vorstellung des Ertrinkens entstanden sein. Diese Erlebnisse lassen sich entweder darauf zurückführen, daß man als Nichtschwimmer selbst ins Wasser gefallen ist und unter Wasser aus Luftmangel zu ersticken drohte. Oder die Furcht entstand durch Filme, Märchen bzw. Erzählungen, die durch ihre katastrophalen Auswirkungen Respekt vor dem Wasser ausgelöst haben. Durch einfache Wassergewöhnungsübungen solllten die positiven Eigenschaften des Wassers erfahren und Vertrauen aufgebaut werden.

- die Angst vor der Tiefe des Wassers

Die Angst vor der Tiefe des Wassers zeigt sich bei einer Aqua-Fitneß-Stunde normalerweise nicht, da sie meist in hüft- oder brusttiefem Wasser abgehalten wird. Handelt es sich um eine Fitneß-Einheit im Tiefwasser, arbeiten wir mit Auftriebshilfen wie dem Aqua-Jogger, Schwimmbrettern usw. In diesem Fall sollte dem Nichtschwimmer Vertrauen zu den Hilfsgeräten vermittelt werden.

- die Angst vor dem Wasserschlucken oder vor Wasserspritzern

Die Angst des Wasserschluckens ist häufig mit einem unangenehmen Erlebnis verbunden. Sie befinden sich unter Wasser, und statt Luft einzuatmen, gelangt Wasser in die Atemwege. Dies erzeugt einen Hustenreiz, der unter Umständen sogar zu Brechreiz führen kann. Die entstehende Atemnot wird dabei als lebensbedrohlich empfunden. Zeigen sich diese Furchtzustände, muß überwiegend der sogenannte Nasenschluß erlernt werden. Sobald der Kopf in das Wasser eintaucht, darf nicht mehr eingeatmet, sondern langsam und kontinuierlich ausgeatmet oder gar nicht mehr geatmet werden. Bei der Aqua-Fitneß wird es nicht so häufig vorkommen, mit dem Kopf unterzutauchen. Ähnliche Angstzustände zeigen sich aber auch bei Wasserspritzern ins Gesicht. Vor jeder Übungseinheit sollten Sie sich das Gesicht waschen, so daß die Haut schon naß ist und die Spritzer nicht mehr so wahrgenommen werden. Das auftretende Brennen der Augen liegt an den Chlorzusätzen im Wasser, ist aber nicht weiter gefährlich.

- die Angst vor der Blamage

Die Angst vor der Blamage tritt bei der Aqua-Fitneß seltener auf, da es sich um sehr einfache Bewegungsformen handelt. Sicherlich haben die Menschen einen Vorteil, die sich sicher und frei im Wasser bewegen können. Wenn es sich um eine Übungseinheit im Tiefwasser handelt, könnte es auffallen das Sie Nichtschwimmer sind, was heutzutage aber keine Schande ist. Jeder sollte statt dessen lobend anerkennen, daß Sie sich trotzdem ins Wasser trauen.

3

Ein ganz anderer psychologischer Aspekt der Aqua-Fitneß ist im Streßabbau zu finden. Durch die alltäglichen Belastungen wie Schule, Studium oder Arbeit werden jedem Menschen unterschiedliche Leistungen abverlangt, die teilweise unter Zeitdruck oder hohem Arbeitsaufwand erledigt werden müssen. Der Körper und damit vor allem Geist und Psyche werden stark gefordert. Durch ein gezieltes Fitneßtraining können die psychischen Belastungen in Bewegung umgesetzt werden. Die daraus resultierende verbesserte und erhöhte Blutversorgung des zentralen Nervensystems und aller übriger Organe führt zu einem Zustand der Entspannung und des Wohlbefindens. Dazu kommt die angenehme Massagewirkung des Wassers.
Ebenfalls im Bereich der Psychologie anzuordnen ist das auftretende Wetteifern bei Spielformen der Aqua-Fitneß. Zum einen haben die Spiele einen hohen Motivationsfaktor in einer Übungsstunde, zum anderen kann die Motivation umschlagen in Machtkampf oder Eigensinnigkeit. Der Spielleiter übernimmt hier die Aufgabe des Pädagogen. Werden folgende Bedingungen während des Spielverlaufes nicht eingehalten, sollte das Spiel beendet werden:

- Rücksichtnahme gegenüber anderen Spielern
- Einbindung aller Spieler

- gleichmäßige Verteilung der Spielstärken der Teilnehmer
- Unterbindung von Verletzungen der Spielregeln

Am einfachsten ist es den Spaß am Spiel zu erhalten und nicht gleich einen Punktekampf entfachen zu lassen. Sie sehen also, daß bei der Aqua-Fitneß ein gewisses Maß an Fingerspitzengefühl nötig ist. Auf diese Weise sind zwanglose und freie Bewegungen im Wasser möglich.

Angst vor dem Wasser abbauen

Als erstes muß festgestellt werden, wer Angst vor dem Wasser hat und wie sich die Furcht ausdrückt. Wir haben nachfolgend einige Symptome zusammengestellt, die ein sicheres Zeichen für Angst und Unsicherheit bei der Bewegung im Wasser darstellen:

- unnatürliches Lachen, häufig im Wechsel mit starrem Gesichtsausdruck
- starkes Herzklopfen, welches auch nach der Übungseinheit noch anhält
- Hyperventilation, d.h. beschleunigte Atmung
- gehemmte, eckige Bewegungen
- das Gefühl, »weiche Knie« zu haben oder am ganzen Körper zu zittern

Erkennen Sie einige dieser Symptome, gibt es verschiedene Möglichkeiten die Angst abzubauen. Sie können beispielsweise ganz behutsam mit den Wassergewöhnungsübungen aus dem nachfolgenden Kapitel beginnen. Sind die einfachen Bewegungen aufgrund der Angstzustände noch nicht durchführbar, sollten Auftriebsmittel oder Schwimmhilfen eingesetzt werden. Der Übende sollte sich gut mit der Hilfe vertraut machen, d. h., er sollte selber erkennen, daß er nicht untergehen kann. Dies ist der erste wichtige Schritt, um die Angst wenigstens ein bißchen zu nehmen. Eine für uns geeignetere Lösung, die Angst zu überwinden, ist die Mithilfe eines wassergewöhnten Menschen. Allein der Aufenthalt in der Nähe einer wassersicheren Person wirkt schon Wunder.

Kleine Hilfestellungen oder Partnerübungen mit Handfassung erzeugen bei dem Ungeübten ein Gefühl der Sicherheit. Der Vorteil bei der »menschlichen Hilfe« ist, daß der Übende sich gar nicht erst an die Auftriebshilfen gewöhnt und darauf verläßt. Er lernt die Eigenschaften des Wassers selbständig und relativ ungehemmt kennen, immer mit dem beruhigenden Hintergedanken, daß ein »Retter« in der Nähe ist.

Übungsformen zur Überwindung der Angst und zur Wassergewöhnung

Bei den Übungsformen zur Überwindung der Angst und zur Wassergewöhnung sollten Sie vor allem das Alter des Übenden nicht unterschätzen. Erfahrungsgemäß ist es schwer zu realisieren, eine 70jährige Frau dazu zu bringen, unter Wasser die Anzahl ihrer Finger zu zählen.
Kinder können sich dagegen sehr lange und mit hoher Motivation damit beschäftigen. Andererseits dürfen Sie die »Unternehmungslust« der älteren Sportler nicht unterschätzen, denn auch sie wollen gefordert werden. Wichtig ist, sich vom Einfachen zum Schweren langsam zu steigern. Versuchen Sie nicht eine bestimmte Übungsform durchzuboxen. Falls der Übende längere Zeit zögert, ist ihm eine andere Bewegungsaufgabe zu geben.
Ein weiterer Faktor sind die Rahmenbedingungen. Optimal wäre ein Lehrschwimmbecken, das mit einer Treppe (0,50 m) langsam eine Wassertiefe von 1,80 m erreicht. Nicht zu empfehlen für die Wassergewöhnung ist das Tiefwasser, also eine durchgängige Tiefe von 1,80 m und mehr.

Übungsformen:

1. Vom Sitz auf der obersten Stufe nach und nach tiefer setzen.
2. Langsam durch das Wasser gehen, erst am Beckenrand, später frei durch das brusthohe Wasser.

3. Tischtennisball oder Schiffchen durch/über das Wasser pusten.
4. Am Beckenrand festhalten, Knie beugen, bis das Wasser zum Kinn oder Mund steht.
5. Am Beckenrand festhalten, das Gesicht aufs Wasser legen, später den Kopf ganz untertauchen.
6. Kopf untertauchen und die vom Partner angezeigten Finger zählen.
7. Am Beckenrand festhalten und ins Wasser auspusten.
8. Im Flachwasser Liegestütz in Bauchlage unter Eintauchen des Gesichts.
9. Hüpfen auf der Stelle, steigern, bis die Knie zur Brust gezogen werden können.
10. Hüpfen unter Einsatz der Arme in der Fortbewegung.
11. In einer Ecke des Beckens, Arme liegen an der Beckenkante oder Überlaufrinne, in Rückenlage auf das Wasser legen, minimale Beinbewegung.
12. In Rückenlage aufs Wasser legen, der Partner faßt unter die Arme und zieht den Übenden durch das Wasser.
13. Mit den Handflächen auf das Wasser schlagen und kleine Springbrunnen erzeugen.
14. Mit Partner einen Ball zuwerfen.
15. Im breiten Stand, mit den Händen durch das Wasser ziehen (Wasserdruck fühlen). Die Finger dabei im Wechsel öffnen und schließen.

Die aufgeführten Gewöhnungsübungen müssen nicht in dieser Reihenfolge eingehalten werden. Die Bewegungsformen, die besondere Überwindung kosten, sollten in jede Übungsstunde eingebaut werden. Die Wassergewöhnung fällt oftmals in verschiedenen Spielformen am leichtesten. Beachten Sie dabei, daß die Spiele nicht unbedingt Wettkampfcharakter erreichen. Durch Wetteifern in der Gruppe können Situationen hervorgerufen werden, die noch nicht bewältigt werden können. Durch den Gruppenzwang können erneut Angstzustände wachgerufen werden.

Kapitel 4
Aqua-Fitneß

Aqua-Fitneß ist der Sammelbegriff für alle denkbaren Bewegungsformen in dem für uns ungewohnten Element Wasser. Der große Vorteil der Aqua-Fitneß liegt darin, daß es sich um Bewegungen handelt, die jeder Mensch durchführen kann. Da das Wasser den Körper in einen schwebenden Zustand versetzt und die Bewegungsgeschwindigkeit herabsetzt, ist es selbst verletzten Sportlern möglich, sich weiter körperlich zu betätigen. Die Therapie sollte jedoch erst nach Absprache mit einem Arzt begonnen werden. Ebenfalls können die Menschen, die unter Übergewicht leiden, ohne Beschwerden trainieren. Durch die Auftriebswirkung des Wassers wird das Körpergewicht reduziert und werden die Gelenke entlastet. Das Alter des Übenden spielt ebenfalls keine Rolle, je nach Voraussetzung (Schwimmer oder Nichtschwimmer) kann die Übungseinheit zusammengestellt werden. Auch eine gemischte Trainingsgruppe, ob alt oder jung, Mann oder Frau, ist ohne Schwierigkeiten miteinander zu vereinbaren.

Was versteht man unter Aqua-Fitneß?

Unter Aqua-Fitneß ist ein umfassendes Körpertraining zu verstehen. In den USA arbeitete Mary Sanders (ehemalige Olympiateilnehmerin und Dozentin an der Universität Reno, Nevada) maßgeblich an der »gesunden Bewegung im Wasser«. Es ist eine sport- und trainingswissenschaftliche Weiterentwicklung der uns bekannten »traditionellen Wassergymnastik«. Durch die physikalischen Eigenschaften des Wassers werden nachfolgende positive Effekte erzielt, die das Programm gegenüber dem Landtraining abgrenzen:

- Verringerung des Körpergewichtes
- Entlastung der Gelenke
- Förderung der Durchblutung, vor allem des venösen Rückstroms
- Steigerung des Energieverbrauchs
- Stärkung der Abwehrkräfte
- Massage der Haut
- Training gezielter Muskelgruppen
- verlangsamte Bewegung, daher optimale Bewegungsausführung
- verringerte Verletzungsgefahr

Nach einigen Wochen Trainingserfahrung bildet sich beim Übenden immer mehr das sogenannte Wassergefühl aus. Das Wassergefühl ist eine komplexe koordinative Fähigkeit, die darauf abzielt, die Eigenschaften des Wassers zum eigenen Nutzen einzusetzen. Zu den koordinativen Fähigkeiten, die bei der Aqua-Fitneß geschult werden, gehören außerdem Differenzierungsfähigkeit, Kopplungsfähigkeit, Umstellungsfähigkeit, Gleichgewichts- und Stabilisierungsfähigkeit, Orientierungsfähigkeit sowie Rhythmisierungs- und Reaktionsfähigkeit.

Die Differenzierungsfähigkeit

ist die Fähigkeit, Unterschiede in der zeitlichen, räumlichen und dynamischen Struktur der Bewegung zu erkennen. Die zu erwerbende Differenzierungsfähigkeit im Wasser beruht auf der Aufnahme der kinästhetischen und taktilen Information und ihrer Verarbeitung.

Die Kopplungsfähigkeit

ist die Voraussetzung für den Zusammenschluß verschiedener Teilbewegungen in eine ganzheitliche Bewegung. Das bedeutet zum Beispiel, daß Hüpfen auf der Stelle und seitliches Heben der Arme (zum Hampelmann springen) verbunden werden kann.

Die Umstellungsfähigkeit

ist das Vermeiden der Herausbildung eines einseitigen stereotypen Bewegungsablaufes. Durch Tempowechsel und situative Veränderungen wie bei der Durchführung von Spielformen werden andere Belastungsformen und Eigeninitiative gefördert.

Die Gleichgewichts- und Stabilisierungsfähigkeit

beschreibt die Fähigkeit zum Halten und Wiederherstellen des Körpergleichgewichts. Sie bedarf im Wasser besonderer Bedeutung, da die Schwerkraft von der Auftriebskraft des Wassers nahezu aufgehoben wird. Es handelt sich daher um ein labiles Gleichgewicht, das je nach Körpergröße oder Wassertiefe ständig neu erfahren und eingeordnet werden muß.

Die Orientierungsfähigkeit

zeigt sich in der Aufnahme und Verarbeitung von Informationen mehrerer Analysatoren, hauptsächlich jedoch der optischen Analysatoren. Veränderungen der Lage und der Bewegung des Körpers im Raum werden bestimmt und mit dem Aktionsfeld und den bewegenden Objekten (Partner, Ball, etc.) zu einem Bild zusammengefügt. Besondere Bedeutung hat die Orientierungsfähigkeit bei schnellen Drehbewegungen oder Übungen aus der Rückenlage.

Die Rhythmisierungsfähigkeit

umschreibt den optimalen Wechsel von Anspannung und Entspannung in einer Bewegungsabfolge. Außerdem können zeitlich-dynamische Gliederungen von Bewegungsabläufen gespeichert und dargestellt werden. Die Vervollkommnung der Rhythmisierungsfähigkeit bewirkt die Ökonomisierung der Bewegung und damit eine effektivere Konditionierung.

4

Die Reaktionsfähigkeit

wird besonders in den Spielformen herausgebildet. Man spricht auch von Antwortverhalten auf mehr oder weniger komplizierte Aktionen. Sie ist eng verbunden mit der Schnellkraftentwicklung.

Die verschiedenen Fähigkeiten haben jedoch ein gemeinsames Ziel, die Bewegung insgesamt harmonischer und ökonomischer aussehen zu lassen. Neben der Koordination werden beim Aqua-Training auch die Elemente der Kondition herausgebildet. Die Kondition setzt sich zusammen aus Kraft, Schnelligkeit, Ausdauer und Beweglichkeit.

Kraft:

Das Krafttraining bildet eine wesentliche Grundlage zur Steigerung der sportlichen und körperlichen Leistungsfähigkeit. Wir unterscheiden das allgemeine und spezielle Krafttraining sowie das Maximalkraft-, Schnellkraft- oder Kraftausdauertraining. Von besonderer Bedeutung für die Trainingsarbeit im Wasser ist die Kraftausdauer. Da durch den Widerstand des Wassers keine schnellen Bewegungen wie beispielsweise an Land möglich sind, scheidet das reine Schnellkrafttraining aus. Die Maximalkraft kann nur trainiert werden, wenn so hohe Gewichte gewählt werden, daß nur eine bis drei Wiederholungen durchführbar sind. Auch das ist durch die Auftriebswirkung im Wasser nicht möglich. Bei dem für den Gesundheitssport bedeutendsten Bereich des Krafttrainings, der Kraftausdauer, können sowohl spezielle Muskelgruppen als auch der gesamte Körper gekräftigt werden. Durch den Widerstand des Wassers zeigt sich selbst beim normalen Laufen im Wasser eine Kraftentwicklung der Beinmuskulatur. Nimmt man zusätzlich ein Schwimmbrett mit gestreckten Armen vor den Körper, hat man den Widerstand nochmals erhöht und den Trainingseffekt gesteigert, da es sich um eine Ganzkörperübung handelt.

Gehen mit Brett

Brett unter Wasser drücken

4

Möchte man nur eine Muskelgruppe kräftigen, zum Beispiel die Armmuskulatur, drückt man das Schwimmbrett unter Wasser und zieht es wieder an die Wasseroberfläche.
Das Krafttraining im Wasser ist mit dem isokinetischen Training zu vergleichen. An Land bedarf es dafür spezieller Maschinen, bei denen während des gesamten Bewegungsablaufes die Bewegungsgeschwindigkeit und damit die Kraftentfaltung konstant gehalten wird. Der Körper, der sich im Wasser befindet, hat unabhängig vom Gelenkwinkel überall die gleiche Widerstandsfläche, wobei die Intensität und Bewegungsgeschwindigkeit noch durch verschiedene Hilfsmittel variiert werden kann.

Schnelligkeit

Unter Schnelligkeit ist diejenige konditionelle Fähigkeit zu verstehen, die zur kürzesten Ausführung motorischer Handlungen erforderlich ist. Dabei unterscheidet man die Bewegungsschnelligkeit, also die Fähigkeit, schnelle Einzelbewegungen ausführen zu können, und die maximale Bewegungsgeschwindigkeit. Die drei wesentlichen Elemente der Schnelligkeit sind die Reaktionsschnelligkeit, die Geschwindigkeit der Einzelbewegung und die Bewegungsfrequenz. Da im Wasser die Bewegungen abgebremst werden, kann nie eine so hohe Geschwindigkeit und Bewegungsfrequenz wie an Land erreicht werden. Dies hat jedoch seine Vorteile, da die Gelenkbelastungen zum Beispiel durch schnelles Abbremsen nicht so hoch sind und die etwas verlangsamten Bewegungen genauer und im Bewegungsablauf sauberer durchgeführt werden können. Die Reaktionsschnelligkeit kann im Wasser wie an Land vor allem durch Spielformen verbessert werden.

Ausdauer

Die Ausdauer ist Voraussetzung für die Entwicklung zahlreicher sportlicher Leistungen. Sie ist gekennzeichnet durch die nervale und energetische Absicherung einer Muskelleistung längerer Dauer. Dabei steht die Fähigkeit ›Ausdauer‹ nicht isoliert, sondern hängt eng mit den Faktoren Schnelligkeit und Kraft zusammen. Es wird unterschieden zwischen allgemeiner und spezieller Ausdauer. Die spezielle Ausdauer beschreibt eine Bewegung, bei der nur 1/7–1/6 der gesamten Muskelmasse des Körpers beansprucht wird. Das ist beispielsweise ein isoliertes Training eines Beins.

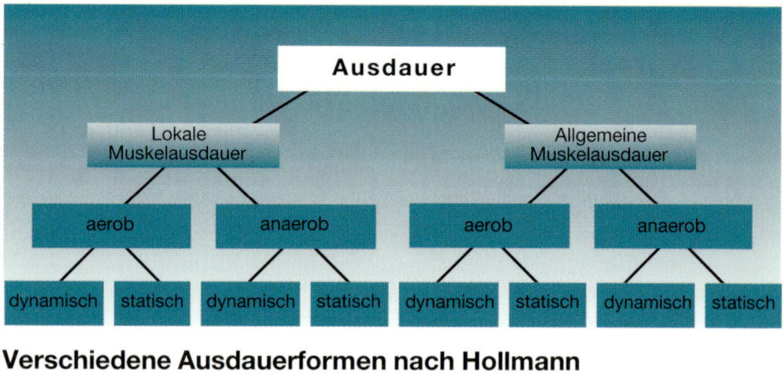

Verschiedene Ausdauerformen nach Hollmann

Die spezielle Ausdauer wird überwiegend als Rehabilitationstraining eingesetzt, um einen zurückgebildeten (atrophierten) Muskel langsam wieder aufzubauen.
Bei dem von uns vorgestellten Aqua-Fitneß-Training wird überwiegend die allgemeine Ausdauer trainiert. Zur Vervollständigung haben wir die verschiedenen Ausdauerarten nach Hollmann graphisch dargestellt.
Voraussetzung für ein Ausdauertraining sind zyklische Bewegungsformen, d. h., in der Bewegungsabfolge muß eine Anspannungs- und Entspannungsphase enthalten sein, wodurch eine länger andauernde Arbeit ermöglicht wird (Laufen, Radfahren, Schwimmen etc.). Die verschiedenen Bereiche der Ausdauer wie Kurzzeit-, Mittelzeit- und Langzeitausdauer werden im Wasser ebenfalls angesprochen. Bei einzelnen Übungen kann entweder die Kurzzeit (35 sec–2 min) oder die Mittelzeitausdauer (2–10 min) angesprochen werden. Für die Langzeitausdauer (länger als 10 min) empfehlen wir vor allem das einfache Aqua-Jogging. Der Vorteil des Ausdauertrainings im Wasser gegenüber einem Programm an Land liegt im Wasserdruck begründet. Der Wasserdruck wirkt auf den gesamten Organismus, was bedeutet, daß die an der Oberfläche liegenden Blutgefäße zusammengedrückt werden. Das Blut wird in den Brustraum gedrückt, wo das Herz ein erhöhtes Blutvolumen zur Verfügung hat. Das Herz arbeitet ökonomischer und der Rücktransport des venösen Systems wird beschleunigt. Vorteilhaft wirkt sich auch die Massagewirkung des Wassers auf den Körper aus. Durch den Druck wird der Sauerstoffaustausch im Gewebe und die Durchblutung gefördert, dadurch ist eine länger dauernde Bewegung möglich.

Beweglichkeit

Die Beweglichkeit oder Flexibilität ist ebenfalls ein wichtiger Faktor der konditionellen Fähigkeit. Sie beschreibt die Bewegungsamplituden der verschiedenen Gelenke und damit verbunden die Dehnfähigkeit der Muskulatur. Je beweglicher ein Mensch ist, desto einfacher werden ihm

verschiedenste Übungen und Alltagsbelastungen fallen. Einschränkungen der Flexibilität können an Veränderungen oder Verschleißerscheinungen der Gelenke sowie an verkürzter Muskulatur liegen.
Die verkürzte Muskulatur ist häufig die Ursache für einseitige Alltagsbelastungen. Aufgrund der Auftriebskraft des Wassers fallen die Bewegungen insgesamt leichter. Bei der Auftriebswirkung ist zum einen die Reduktion des Körpergewichts, zum anderen die Aufhebung der Gleichgewichtssteuerung von Vorteil. Die Wassertemperatur strahlt eine wohltuende Wärme auf den Organismus aus, und bei der Bewegung im Wasser wird die Muskulatur massiert und gelockert.

Um die allgemeine Kondition durch die Aqua-Fitneß zu verbessern, gibt es verschiedene Übungsformen und Techniken. Da es unterschiedliche Namen für Bewegungen im Wasser gibt, versuchen wir erst einmal die Begriffe zu erläutern. An erster Stelle steht die konventionelle Wassergymnastik. Seit vielen Jahren verstecken sich hinter dem Begriff einfache Bewegungsformen im Wasser. Die Bewegungen können zum Beispiel Hüpfen, Federn, Laufen mit oder ohne Armschwünge sein. Sie sind die Grundlage für alle weiteren vorgestellten Bewegungsformen im Wasser. Die Wassertiefe sollte 1,40 Meter nicht überschreiten, so daß ein fester Stand jederzeit gewährleistet ist. Ebenfalls zum Einsatz kommen verschiedene Hilfsmittel wie Schwimmbretter, Stäbe, Bälle etc.
Die etwas anstrengendere Form der Wassergymnastik ist das »Aqua-Power-Training«. Bei diesen Übungsformen wird mit Gewichten oder besser mit widerstandsvergrößernden Hilfsmitteln gearbeitet. Diese können sogenannte Wasserhanteln, Paddles, Frisbeescheiben oder Schwimmbretter sein.
Zielsetzung einer Aqua-Power-Stunde ist eine Verbesserung der Kraftausdauer. Für ein Anfängertraining ist Aqua-Power nicht zu empfehlen, da es schon einige Ansprüche an das Wassergefühl und den körperlichen Fitneßgrad stellt.

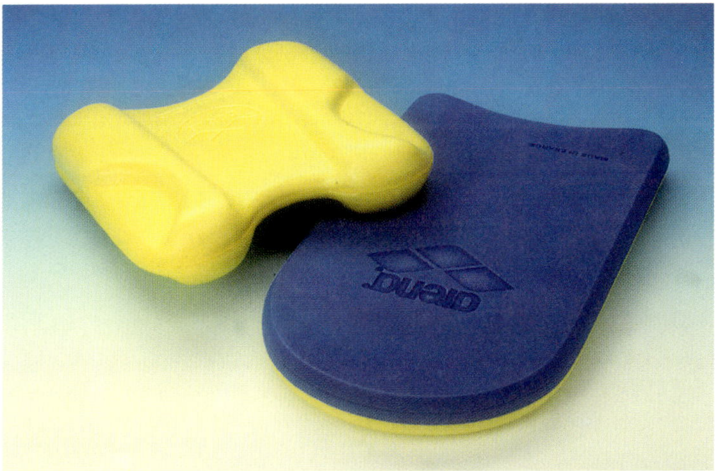

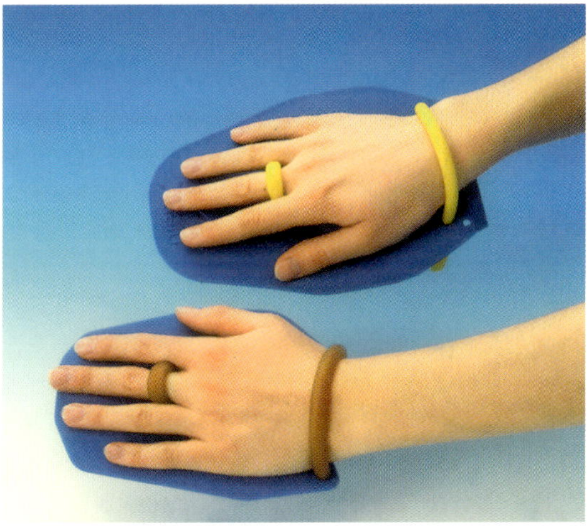

Schwimmbretter in verschiedenen Ausführungen

Paddles (der Firma Arena in verschiedenen Größen) zum intensiveren Training der Schulter-Arm-Muskulatur.

Bei der Aquarobic spielt die Musik eine wichtige Rolle. Es werden zu unterschiedlichen Musikstücken Bewegungen im hüfttiefen Wasser durchgeführt. Es kann sich dabei um Einzel- oder koordinierte Bewegungen handeln, d. h., es kann die spezielle oder allgemeine Ausdauer trainiert werden. Ein weiteres Kriterium der Aquarobic ist, daß zwischen den Übungen keine Pausen eingelegt werden sollten. Die Intensität kann durch langsame oder schnelle Musikstücke variiert werden. Durch die ununterbrochene Bewegung wird insbesondere die aerobe Ausdauer trainiert, welche die Grundlage für ein effektives Herz-Kreislauf-Training darstellt. Spezielle Übungsgeräte werden bei der Aquarobic nicht eingesetzt. Fest eingebunden in der Aquarobic-Stunde ist das Laufen im Wasser. Da dieses Aqua-Jogging eine Vielzahl von Trainingsmöglichkeiten bietet, haben wir dies im Kapitel fünf genauer erläutert.

Rahmenbedingungen der Aqua-Fitneß

Aqua-Fitneß sollte, ohne spezielle Auftriebshilfen, in einer Wassertiefe von 120–145 Zentimetern, je nach Körpergröße der Übenden, durchgeführt werden, am besten in hüft- bis brusttiefem Wasser. In vielen Nichtschwimmerbecken gibt es ein abfallendes Becken, das bedeutet, daß die Wassertiefe von 30–180 Zentimetern, je nach Standpunkt im Becken, variiert. Bei Verfügbarkeit einer Auftriebshilfe, zum Beispiel einer Schwimmweste oder dem Aqua-Jogger, kann auch im Tiefwasser trainiert werden. Die Wassertemperatur liegt im Idealfall zwischen 28 und 32 Grad Celsius. Bei Entspannungsübungen kann sie etwas höher und bei intensiven Belastungen etwas geringer sein. Leider ist die Temperatur des Wassers nicht so schnell zu regeln, meist muß man sich an die Vorgaben der Stadt (öffentliche Bäder) halten. Für spezielle Übungsformen am Beckenrand ist eine fest montierte Haltestange in Höhe der Wasseroberfläche hilfreich, da beim Festhalten am Beckenrand oder an der Überlaufrinne häufig Verspannungen in den Armen und Schultern auftreten.
Eine weitere Voraussetzung für eine Aqua-Fitneß-Einheit ist ein rutschfester Beckenboden. Der Übende sollte während der gesamten Trainingsdauer festen Boden unter den Füßen haben, damit ein sicherer Stand und kraftvolles Gehen möglich sind.
Für die Durchführung einer Übungsstunde reichen diese Bedingungen völlig aus. Interessanter gestalten kann man die Fitneß-Stunde mit verschiedenen Übungsgeräten, wie zum Beispiel:
Stäben, Bällen, Schwimmbrettern, Pull-boys, Frisbee-Schei-

ben, Gummiringen, Wasserhanteln, Gewichtshanteln, Aqua-Joggern, Paddles, Luftballons, Zugseilen, Wasserschuhen etc.
Informationen dazu sowie Einsatzmöglichkeiten entnehmen Sie bitte dem Kapitel 8.

Belastungseinordnungen bei der Aqua-Fitneß

Im Rahmen des Freizeit-/Breitensports sollte unserer Meinung nach eine Belastungsuntersuchung zur Aufdeckung gesundheitlicher Schäden oder zur Feststellung des individuellen Fitneßzustandes als Pflichtuntersuchung festgelegt werden. Nicht um der ansteigenden Zahl von Zwischenfällen beim Sport vorzubeugen, sondern um die Gewißheit zu haben, gefahrlos Sport treiben zu können. Meist wird eine fahrradergometrische Belastungsuntersuchung durchgeführt, wo bei ansteigender Belastung Herzschlag, Blutdruck und unter Umständen auch die Herzaktionsströme gemessen werden. Die bei der Fahrradergometrie erhobenen Daten liefern wertvolle Informationen für die Festlegung der richtigen Belastungsintensität bei der Aqua-Fitneß. Das wichtigste Element der Intensitätssteuerung im Freizeit-/Breitensport ist die Herz- oder Pulsfrequenz.

Die Herzfrequenz ist definiert als die Zahl der Herzschläge pro Minute. Sie stimmt mit der Pulsfrequenz überein. Eine Abhängigkeit zeigt sich mit dem Alter, der Körpertemperatur, der körperlichen und seelischen Belastung sowie dem Trainingszustand. Die Herzfrequenz wird im Training als bevorzugte Meßgröße verwendet. Ihre Registrierung ist billig und jederzeit zu wiederholen. Auch die Auswertung kann sofort erfolgen.

Der bei dem Ergometertest ermittelte Pulshöchstwert kann jedoch nicht ohne weiteres auf die Aqua-Fitneß übertragen werden. Zum einen sollten Sie nie mit dem ermittelten Höchstpuls trainieren, sondern nur mit einem Wert, der 70 % des Höchstpulses beträgt. Das bedeutet, bei einem ermittelten Höchstpuls von 195 Schlägen pro Minute ist der Trainingspuls von gerundeten 136 Schlägen pro Minute einzuhalten. Dieser Trainingspuls gilt als optimal, um ein länger andauerndes Herz-Kreislauf-Training durchzuführen. Für trainierte Sportler kann die Herzfrequenz um zehn bis 15 Schläge pro Minute erhöht werden.

Zum anderen wirkt auf den sich im Wasser befindenden Organismus der Wasserdruck, welcher eine Blutverschiebung in Richtung Herz zur Folge hat. Durch das erhöhte Blutangebot kommt es zu einer reflektorischen Herzfrequenzsenkung, dem sogenannten Tauchreflex. Das Ausmaß der Herzfrequenzsenkung ist individuell verschieden und richtet sich außerdem danach, wie weit der Körper aus dem Wasser herausragt. Beim Aqua-Fitneß im Tiefwasser kann der Tauchreflex ungefähr zehn Schläge pro Minute gegenüber vergleichbaren Frequenzen an Land ausmachen. Diese zehn Schläge pro Minute müßten Sie von dem ermittelten Trainingspuls abziehen.

Falls Sie im Moment keine Möglichkeit zur Durchführung eines Belastungstests haben, aber dennoch mit dem Aqua-Fitneß-Training beginnen möchten, können Sie Orientierungswerte über den Trainingspuls der nachfolgenden Tabelle (nach Lagerstrom/Bjarnason) entnehmen. Unter

Orientierungshilfe zur Ermittlung der richtigen Trainingspulsfrequenz

Ruhepuls	Unter 30	Alter/Jahre 30–39	40–49	50–59	60–69	Über 70 Jahre
Unter 50*	130	130	125	120	115	110
50–59*	130	130	125	120	115	110
60–69*	135	135	130	125	120	115
70–79*	135	135	130	125	120	115
80–89*	140	135	130	125	120	115
90–100*	140	140	135	130	125	120

*Schläge pro Minute

Berücksichtigung des Ruhepulses (Herzfrequenz, die morgens vor dem Aufstehen gemessen wird) und dem Alter haben wir die ungefähren Richtwerte zusammengestellt. In dieser Tabelle kann jedoch auf den Trainingszustand nur minimal, in Verbindung mit dem Ruhepuls, Einfluß genommen werden. Es läßt sich aufgrund des sogenannten Sportlerherzens nachweisen, daß ein niedriger Ruhepuls gleichbedeutend mit einem guten Trainingszustand ist. Physiologische Gegebenheiten können dieses Ergebnis in Einzelfällen auch widerlegen.

Wie Sie vielleicht feststellen, ist es gar nicht so einfach, den individuellen Pulswert festzulegen. Dabei möchten wir auch auf die leichte Beeinflußbarkeit der Pulsfrequenz hinweisen. Verändernde Faktoren sind beispielsweise Streßsituationen, Erkrankungen oder psychische Belastungen. Außerdem beeinflussen Ernährungsfehler, Genußmittel, Schlafentzug, chronische Ermüdung und Störungen im Lebensrhythmus die Herzfrequenz. Die Herzfrequenz kann demnach für unser Fitneßtraining nur ein Anhaltspunkt sein, um Überlastungen zu vermeiden.

Dazu möchten wir Ihnen kurz erläutern, wo und wie die Herzfrequenz gemessen wird.

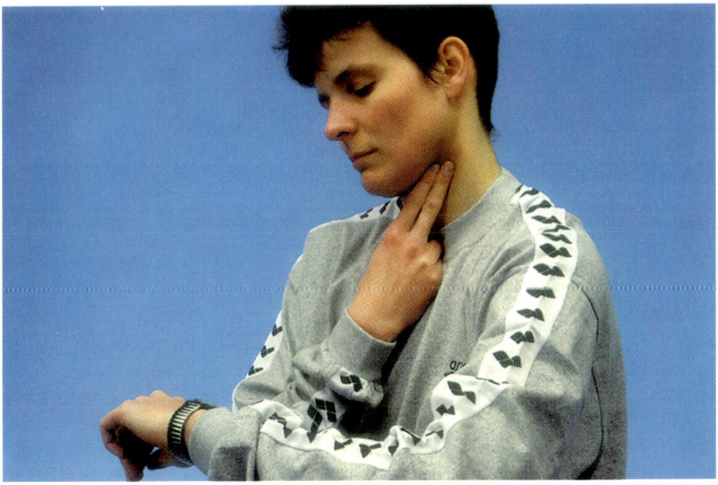

Pulsmessen an der Arteria carotis

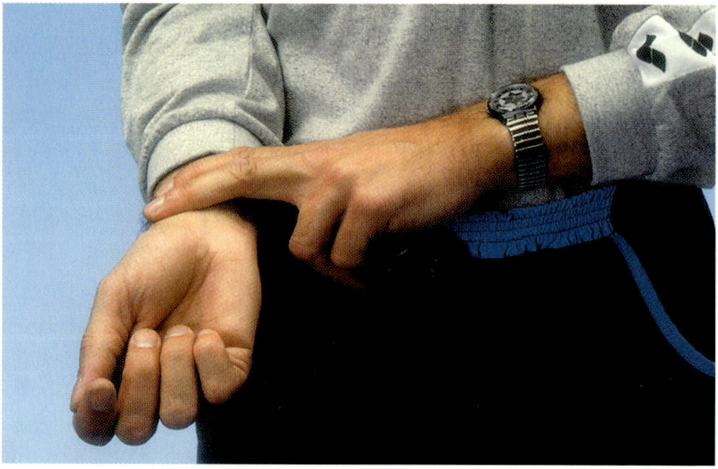

Pulsmessen an der Arteria radialis

Die Herz- bzw. Pulsfrequenz ist an verschiedenen Stellen des Körpers meßbar. Bei der manuellen Ermittlung des Pulswertes bieten sich vor allem die Halsschlagader (Arteria carotis) und die Schlagader unterhalb des Daumenballens an (Arteria radialis). Bei der Ermittlung des Pulswertes müssen Zeige- und Mittelfinger flach auf die Hals- oder Handschlagader gelegt werden.
Abschließend möchten wir Ihnen noch die wichtigsten objektiven und subjektiven Belastungskriterien darstellen. Die objektiven Kriterien sind meßbar und demnach nur schwer zu verfälschen. Die subjektiven Faktoren beschreiben eher das eigene Empfinden und täuschen oftmals über den eigentlichen körperlichen Zustand hinweg.

Belastungskriterien	
objektive	subjektive
Pulsfrequenz	Selbsteinschätzung
Laktat (Milchsäure)	Überlastungssymptome
EKG	(Hautfarbe, Schweiß, Übelkeit etc.)

Zur Durchführung eines erfolgreichen Aqua-Fitneß-Programms ist es sinnvoll sowohl die objektiven als auch die subjektiven Belastungskriterien zu beachten. Bei Auffälligkeiten, vor allem zur Überlastung hin, sollte das Training bezüglich der Intensität geändert werden.

Einsatzmöglichkeiten der Aqua-Fitneß

Wie in den vorherigen Kapiteln bereits beschrieben, handelt es sich bei der Aqua-Fitneß um eine sehr gesunde und gelenkschonende Art des Fitneß-Trainings. Die Einsatzmöglichkeiten sind demnach auch sehr vielfältig. Der nachfolgenden Grafik können Sie die Vorteile und Einsatzmöglichkeiten und damit eng verbunden die Trainingsziele entnehmen.

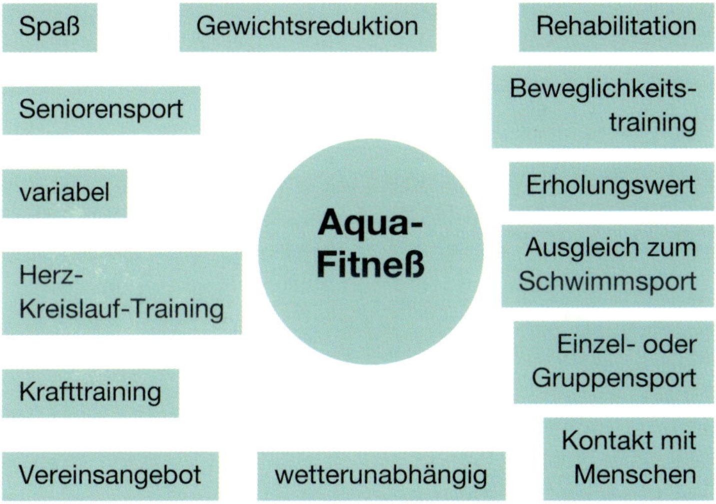

Das Aqua-Fitneß-Programm ist wetterunabhängig, da es sowohl im Sommer im Freibad oder Meer als auch im Winter in der Schwimmhalle ausgeübt werden kann. Weiterhin kann es als Einzelsport oder in der Gruppe ausgeführt werden. Im Einzeltraining können Sie individueller auf Ihre Probleme eingehen und sind in der Trainingszeit relativ ungebunden. Beim Fitneßport in der Gruppe können besonders die zwischenmenschlichen Beziehungen gefördert werden. Außerdem können verschiedene Spielformen die Übungsfolgen auflockern. Das Trainingsprogramm in der Gruppe ist oftmals organisiert in Vereinen, Volkshochschul- oder Krankenkassenkursen. Der Vorteil des organisierten Gruppentrainings liegt darin, daß ein ausgebildeter Übungsleiter das Programm zusammenstellt. Sie selbst brauchen sich auf die Einheit nicht vorbereiten und werden zudem bei den Übungen korrigiert.

Je nach Einsatz der Hilfsmittel kann eine Aqua-Fitneß-Stunde ein Herz-Kreislauf-, Kraft- oder Beweglichkeits-Training sein. Durch relativ einfache, aber langanhaltende Bewegungsformen im Wasser wird das Herz-Kreislauf-System gefordert. Dies bedeutet eine enorme Verbesserung der Ausdauerfähigkeit. Durch den Wasserwiderstand und durch widerstandsvergrößernde Hilfsmittel kann die gesamte Körpermuskulatur und die Entwicklung der Kraft gefördert werden. Durch die Auftriebswirkung des Wassers ist es möglich Bewegungen auszuführen, die an Land nur sehr schwer oder gar nicht möglich sind.

Die Muskulatur wird gestreckt, wodurch die Gelenke eine größere Bewegungsamplitude erzielen. Der Muskelkater, als Zeichen einer starken Beanspruchung, bleibt bei der Aqua-Fitneß nahezu aus. Die Massagewirkung des Wassers fördert die Durchblutung der Haut, des Bindegewebes und der Muskulatur. Der Körper erfährt dadurch im Wasser eine schnellere Entschlackung (Abtransport der Rückstände nach muskulärer Belastung). Je nach Bewegungsintensität können durch langsame Bewegungen sanfte Streichungen oder bei hoher Bewegungsfrequenz ähnliche Gefühle wie Reibungen oder Knetungen erzielt werden.

Bei regelmäßiger Durchführung des Aqua-Fitneß-Programms werden die im Körper ablaufenden Stoffwechselprozesse gesteigert. Dies wiederum führt zum Abbau des Körperfettes. Wie schon beschrieben, bieten die Bewegungen im Wasser auch für übergewichtige Menschen eine gute Möglichkeit, Sport zu treiben. Das eigene Körpergewicht wird durch die Auftriebskraft des Wassers reduziert, so daß die Gelenkbelastung sehr gering gehalten wird.

Ebenfalls begünstigt durch die Auftriebswirkung ist es mög-

lich, ein schonendes Rehabilitationstraining im Wasser durchzuführen. Gerade bei Verletzungen der unteren Extremitäten können durch Aufhebung des Eigengewichts verschiedene Gangschulungen oder natürliche Bewegungsformen erzielt werden. Da die Dichte des Wassers höher ist als die der Luft, werden die Bewegungen im Wasser erschwert und damit langsamer durchgeführt. Der Vorteil liegt in der korrekteren Ausführung und der Erhaltung und Kräftigung der Muskulatur.
Eine weitere Einsatzmöglichkeit der Aqua-Fitneß liegt im Bereich des Leistungssports, in dessen Rahmen es immer darauf ankommt schnell zu laufen, hart zu schießen oder ausdauernd zu schwimmen. Im Leistungstraining kommt irgendwann der Zeitpunkt, wo die volle Leistung gefragt ist. Dieses oft an den Grenzbereich der physischen Leistungsfähigkeit gehende Training führt dann immer wieder zu Verletzungen. Hier ist es die Aufgabe des Betreuers, das Training so zu gestalten, daß hochintensiv, aber verletzungsfrei trainiert wird. Der Grat, auf dem da gewandert wird, ist sehr schmal. An Land ist dieses Training limitiert: Nach 10–12 Sprints ist der Sprinter ermüdet und die Verletzungsanfälligkeit steigt an. Ein Fußballer kann nur eine bestimmte Anzahl von maximalen Torschüssen absolvieren, bevor er seinen Fuß überlastet. Im Wasser ist die Gefahr der Überlastung hingegen kaum vorhanden, die Verletzungsanfälligkeit tendiert gegen null. Vor etwas mehr als 20 Jahren, vor den Olympischen Spielen in Los Angeles, begannen die ersten Weltklasseathleten mit spezifischem Wassertraining. Heute absolviert eine Vielzahl von Sportlern ein Aqua-Fitneßtraining, auch wenn sie nicht verletzt sind.

Spielformen der Aqua-Fitneß

Spontaneität, Originalität sowie der Spaß an der Aktivität in der Gruppe sind bei der Durchführung von Spielen wichtiger als die exakte Bewegungsausführung und genaue Belastungsdosierung. Wasserspiele sollen die Erlebnisvielfalt für neue und ungewöhnliche Bewegungen im Wasser öffnen.

Bei wasserungeübten Gruppen kann das Spielen und Toben im Wasser Ängste auslösen, aber je länger die Gruppe zusammen ist, desto besser können sich die Teilnehmer aufeinander einstellen.
Außerdem wächst bei den Übenden die Bereitschaft, gemeinsam etwas Neues zu probieren, eventuell einmal Wasserspritzer abzubekommen, den Halt zu verlieren oder auch mal unterzutauchen.
Es sollte dabei bedacht werden, Spielformen erst dann in eine Stunde einzubauen, wenn untereinander das Vertrauen aufgebaut ist und die Teilnehmer mit den anderen Formen der Aqua-Fitneß, einige Stunden geübt haben.
Die Spiele können in jeder Gruppe anders aufgefaßt werden, kommt kein Spielfluß zustande, war der Einsatz meist zu früh. Wird die Spielidee umgesetzt, äußert die Gruppe von sich aus den Wunsch nach Spiel und Spaß. Wichtiger Grundsatz bei der Durchführung der Spiele ist: »Spiele fair und tu' niemandem weh.« Hierbei kommt es natürlich auf die Spielidee an. Es gibt zum einen die Spiele, die um des Spielens willen durchgeführt werden, oder die Spiele mit Wettkampfcharakter. Die genannten zwei Gruppen von Spielformen weisen charakteristische Merkmale auf:

Spiele ohne Wettkampf

- Teilnehmer spielen in einer Gruppe
- schwächere Spieler werden in das Spiel mit einbezogen
- Einsatzwille nicht so stark, geringere Belastung
- Spielregeln können jederzeit abgeändert werden
- Auflockerung der Übungssituation

Spiele als Wettkampf

- Teilnehmer werden in zwei oder mehrere möglichst gleich starke Mannschaften eingeteilt
- wetteifern erweckt falschen Ehrgeiz
- hoher Siegeswille, dadurch wenig Rücksicht auf Mit- oder Gegenspieler
- schwächere oder wasserungewohnte Spieler werden in den Hintergrund gedrängt und nicht am Spiel beteiligt

- genaue Festlegung der Spielregeln vor Spielbeginn
- hohe Belastungsintensität
- eine Person sollte als Schiedsrichter eingesetzt werden

Generell sollten beide Spielformen in der Aqua-Fitneß nicht fehlen. Je nach Gruppenstärke, Zusammensetzung der Teilnehmer (ob alt oder jung, fit oder verletzt) und Rücksichtnahme untereinander, muß individuell entschieden werden, welche Art der Spiele in Frage kommt.

Insgesamt haben Spiele in der Aqua-Fitneß einen hohen Motivationsfaktor. Gegenüber den festgelegten Bewegungsabläufen bei den Übungen sind hier Spielwitz, Spontaneität und Reaktionsfähigkeit gefragt. Vor allem am Ende einer Stunde, wenn die Teilnehmer schon etwas erschöpft sind, kann man oftmals durch ein Spiel weitere Kraftreserven der Übenden herauslocken. Auch die Lust auf die nächste Stunde wird durch ein spaßbetontes Ende der Trainingseinheit erhöht. Weniger vorteilhaft erscheint es uns, die Stunde mit einem Spiel, besonders einem wettkampforientierten Spiel, zu beginnen. Der Übungsleiter hat es nach Beendigung des Spieles schwer, die Gruppe wieder zu beruhigen und eine gute Trainingsatmosphäre herzustellen.

Zur Auswahl der Spiele gibt es eigentlich wenig zu sagen. Im Grunde können alle Ihnen bekannten Spiele vom Land in das Wasser übertragen werden. Das gilt für die verschiedensten Spielformen, von den Fang- oder Abschlagspielen über Staffeln und Geschicklichkeitsspiele bis hin zu großen Spielen wie Volleyball oder Basketball. Sie werden feststellen, daß sich die Spielabläufe im Wasser verändern (langsamere Bewegungen durch das dritte Element Wasser). Eventuell müssen neue Spielregeln aufgestellt werden, um einen Spielfluß zu erzeugen.

Dies liegt jedoch an der Übungsgruppe selbst, da es sich um Freizeit-/Breitensport handelt, kann die Form des Spieles jederzeit geändert werden. Ein ganz wichtiger Aspekt dabei ist, daß die Stand- und Bewegungspausen nicht so lang sein dürfen. Bei langer Pause kühlt der Körper schnell aus, was jede Spielfreude zunichte machen würde.

Nachfolgend haben wir verschiedene Spielformen zusammengestellt. Wir unterscheiden dabei die Wettkampfspiele und die »geselligen Spiele« voneinander. Bei den vorgestellten Geräten können Sie selbständig variieren, d. h., statt einem Ball können Sie sich auch eine Frisbee-Scheibe oder Gummiringe zuwerfen.

»Gesellige Spiele« ohne Wettkampfcharakter:

- Ball auf das Wasser legen, mit Kopf, Schulter, Knien oder Füßen den Ball durch das Becken schieben. Gerät beim Vorbeikommen eines anderen Teilnehmers wechseln.
- Schwimmbrett, Frisbee-Scheibe oder Stab auf den Beckenboden legen und mit dem Fuß am Boden halten. Unter Wasser mit den anderen Teilnehmern die Geräte tauschen.
- Mit den Stäben durch das Wasser rudern. Bei Entgegenkommen eines Mitspielers die Stäbe über Wasser zweimal gegeneinanderschlagen, dann weitergehen.
- In Kreisaufstellung zwischen den Spielern wird jeweils ein Stab an den Enden gefaßt. Kleine kreisende Bewegungen werden nach und nach größer. Bei einem Signal (Klatschen oder Pfeifen) möglichst schnell die Arme aus dem Wasser halten und eventuell in der Mitte zusammenlaufen.
- In kleinen Gruppen den Ball im Uhrzeigersinn zuwerfen. Nach und nach mehrere Bälle ins Spiel nehmen, bis jeder einen Ball besitzt. Schließlich auf Kommando werfen.
- In kleinen Gruppen den Ball kreuz und quer zuwerfen. Vor Abwurf jedoch den Namen des Empfängers rufen, so daß dieser gewarnt ist. Außerdem lernt sich die Gruppe mit Namen kennen. Um das Spiel zu erschweren, müssen die Teilnehmer auf einem Schwimmbrett sitzen oder stehen.
- In kleinen Gruppen den Ball zuwerfen, möglichst viele Bälle in das Spiel bringen. Hat ein Teilnehmer keinen Ball, muß er in die Hände klatschen. Die Spieler mit Ball

müssen den Ball unter dem Bein oder hinter dem Körper übergeben und dann weiter zuwerfen.

- Geräte liegen auf dem Wasser verteilt. Ziel ist es, durch das Becken zu gehen oder zu laufen, mit oder ohne Partner, blind oder mit geöffneten Augen. Die Geräte dürfen dabei nicht berührt werden.
- Einen Ball möglichst tief unter Wasser drücken. Den Ball dann loslassen und versuchen, den herausschnellenden Ball aufzufangen. Übung auch zu zweit oder in der Gruppe durchführbar.
- In Kreisaufstellung einen leichten Wasserball oder Gymnastikball (Pezziball) mit beiden Händen zupritschen. Der Ball darf das Wasser nicht berühren.
- Zu zweit gegenüberstellen. In jeder Hand befindet sich ein Stabende. Die Teilnehmer bilden eine Gasse. Die Stäbe entweder hoch über oder unter Wasser halten. Ein Pärchen beginnt und muß unter oder über die gehaltenen Stäbe wandern. Die Übenden stellen sich an das Ende der Schlange.
- Zu zweit oder mit mehreren Teilnehmern Schattenlaufen, das bedeutet jeweils die Gangart oder Bewegungsform der führenden Person nachahmen. Den Führenden ständig wechseln.
- Zu zweit durchs Wasser gehen. Der Übende hat die Augen geschlossen. Der Partner bestimmt durch Tippen auf die Schulter, in welche Richtung der Übende gehen soll. Nach einiger Zeit Partnerwechsel.
- Die Spieler bilden einen Kreis und bewegen sich im Uhrzeigersinn. Auf das Kommando eines Spielers müssen die Plätze der Teilnehmer getauscht werden, die beispielsweise im Winter Geburtstag haben, die eine Badekappe tragen, die mit dem Fahrrad zum Sport fahren, die Schreibmaschineschreiben können etc.

Spiele mit Wettkampfcharakter

Staffelspiele für zwei oder mehrere Gruppen

- Ein Gerät transportieren (Ball vor sich hertreiben, Stab oder Scheibe balancieren, Brett unter Wasser drücken,

4

auf dem Ball stehend vorwärts hüpfen etc.) und es am gegenüberliegenden Beckenrand ablegen, der nächste Spieler holt das Gerät wieder ab und bringt es mit zurück. Ein oder zwei Durchgänge. Sieger ist die Mannschaft, die als erste anschlägt.

- Die Spieler einer Mannschaft stellen sich hintereinander auf. Auf ein Startkommando reicht der Vordermann einen Ball über Kopf zum letzten Spieler. Dieser läuft mit dem Ball nach vorne und gibt den Ball wieder nach hinten durch. Sieger ist die Mannschaft, die zuerst das Becken durchquert hat. Variante: den Ball durch die Beine geben, abwechselnd über Kopf und durch die Beine.
- Zwei oder mehrere Mannschaften im Becken frei verteilt. Auf ein Kommando hin versuchen sie auf dem Boden liegende Tauchringe einzusammeln und in einen Korb zu legen. Jeweils die Ringe einzeln zum Korb transportieren. Die Mannschaft mit den meisten Ringen ist Sieger.
- Das Becken wird geteilt. Im Becken sind gleichmäßig schwimmende Geräte verteilt. Innerhalb einer bestimmten Zeit muß jede Gruppe versuchen, ihr Feld frei zu räumen und die Geräte in das gegnerische Feld zu werfen. Die Gruppe, die nach Ablauf der Zeit die wenigsten Geräte im Feld hat, ist Sieger.
- Zwei etwa gleich starke Mannschaften stehen sich durch eine Leine getrennt gegenüber. Ein leichter Wasserball wird nach einigen Ballkontakten innerhalb der Mannschaft oder sofort über die Leine in das gegnerische Spielfeld gepritscht (kurzer Ballkontakt). Auf eine Zählweise einigen.
- Zwei etwa gleich starke Mannschaften sind frei im Becken verteilt. Ziel jeder Mannschaft ist es, einen Ball innerhalb der eigenen Gruppe zehnmal zuzuwerfen, ohne daß ein gegnerischer Spieler den Ball abfangen kann. Wird der Ball abgefangen, versucht die andere Mannschaft den Ball zehnmal zuzuwerfen. Ist dies gelungen, bekommt die Mannschaft einen Punkt, und der

Ball geht in die andere Gruppe. Sieger sind die Spieler mit den meisten Punkten.

- Zwei etwa gleich starke Mannschaften stellen sich gegenüber am Beckenrand auf. Der Ball wird in der Mitte eingeworfen. Ziel jeder Mannschaft ist es, den Ball durch geschicktes Zuwerfen auf den gegnerischen Beckenrand oder in die Ablaufrinne zu legen. Variante: statt den Ball zu werfen, muß er mit den Knien oder Füßen vorwärts geschoben werden. Jede erfolgreiche Beckendurchquerung zählt einen Punkt. Gewonnen hat die Gruppe mit den meisten Punkten.
- Frei durch das Wasser laufen, der Spielleiter ruft eine Zahl, und schnellstmöglich müssen sich Gruppen mit der gewünschten Anzahl zusammenfinden. Wer keinen Anschluß findet, scheidet aus.
- In der Mitte des Beckens stehen sich zwei Linien von Mitspielern im Abstand von zwei Metern gegenüber. Die eine Reihe ist ›schwarz‹, die andere ›weiß‹. Der Spielleiter ruft entweder ›schwarz‹ oder ›weiß‹. Die aufgerufene Gruppe muß versuchen, Spieler der Gegenmannschaft zu fangen. Die fliehende Gruppe ist gerettet, wenn sie den nächstliegenden (Kopfseite) Beckenrand erreicht hat. Alle abgeschlagenen Spieler wechseln die Gruppe. Versuchen Sie möglichst eine Gruppe aufzulösen.

Kapitel 5
Aqua-Jogging

Unter Aqua-Jogging versteht man das Laufen im Wasser. Diese sportliche Aktivität kam mit der zweiten Fitneßwelle von Amerika nach Europa. Die erste liegt etwa 20 Jahre zurück und ist von dem Amerikaner Glenn McWaters entwickelt worden. Er war Leichtathletiktrainer der US-Marines und kehrte mit einer Fußverletzung aus Vietnam zurück. Um wieder fit zu werden, begann er mit einem Rehabilitationstraining in seinem Schwimmbad. Da ihm der Genesungsprozeß zu schleppend verlief, entwickelte er die sogenannte Wet Vest. Mit Hilfe dieser Weste war er in der Lage ein Lauftraining im Wasser durchzuführen, ohne seine Ge-

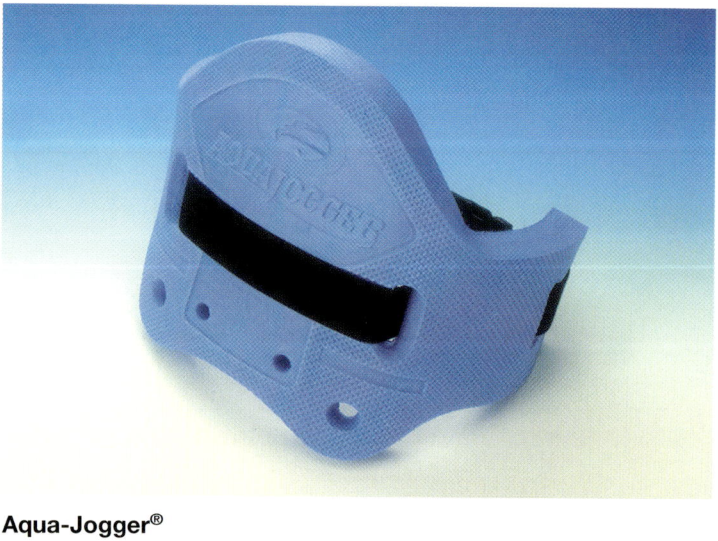

Aqua-Jogger®

lenke zu belasten. In der Mitte der 80er Jahre entwickelte schließlich die Firma Excel Sports Science Inc. den Aqua-Jogger® zum Einsatz in der Rehabilitation nach Verletzungen.

Er war primär für Spitzensportler entwickelt worden, um diesen einen schnellen Genesungsprozeß zu ermöglichen. Dieses Vorhaben gelang so gut, daß heute eine große Anzahl von Spitzensportlern, darunter auch Dieter Baumann, Olympiasieger über 5000 m, oder Steffi Graf, Aqua-Jogging als festen Bestandteil in ihrem Trainingsplan haben. Mit Hilfe des Aqua-Joggers® ist man in der Lage alle Aktivitäten, die traditionell an Land durchgeführt werden, wie Laufen, Skilanglauf, Aerobic und Tanzen jetzt im Wasser durchzuführen. Dabei spielen das Alter und die jeweilige körperliche Fitneß keine Rolle. Das eigentliche Wasserlaufen oder Wassertreten gibt es schon seit vielen Jahren: zum einen in der Wassergymnastik und als Bestandteil vieler Spiele im Wasser, zum anderen als Wassertreten nach der Kneipp-Methode. Empfehlenswert ist sie für Sportler, denen das Laufen an Land keinen Spaß macht, die übergewichtig sind oder Gelenkprobleme haben. Aqua-Jogging kann sowohl von Ungeübten, sportlichen Wiederbeginnern als auch von wassergewohnten Nichtschwimmern durchgeführt werden.

Tiefwasser-/Flachwasser-Jogging

Beim Aqua-Jogging werden zwei Formen unterschieden:

1. Das Water-Running, ein Lauf in hüft- bzw. brusttiefem Wasser, bei dem es noch zu einem Bodenkontakt kommt.
2. Das Suspended Deep Water Running, wo mit Hilfe des Aqua-Joggers® gelaufen wird, ohne den Boden zu berühren.

Beim Laufen in hüft- oder brusttiefem Wasser wird die Grundbewegung von der Sportbewegung unterschieden.

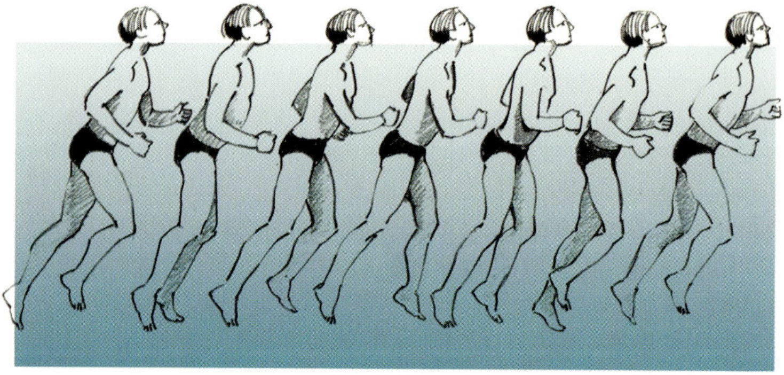

Die Grundtechnik

Die Grundtechnik: Hierbei handelt es sich um einen Ballenlauf, weil lediglich der Vorfuß Kontakt mit dem Boden hat. Die Ferse wird nur leicht abgesenkt, die Beugung im Fuß und im Kniegelenk ist minimal. Bei der Gesamtbewegung ist die sogenannte Doppelstützphase zu erkennen. Das bedeutet, daß eine Flugphase fehlt und der vordere Fuß kurz vor dem Abdruck des hinteren Beines aufgesetzt wird. Ein Fuß bleibt ständig in Kontakt mit dem Boden. Der Fersenhub, d. h. der Winkel zwischen Oberschenkelachse und der Senkrechten aus Kniegelenk und Erdoberfläche, liegt bei ungefähr 45 Grad.
Die Sporttechnik zeigt – wie das Laufen im Freien – den charakteristischen Wechsel von Flug- und Stützphase.

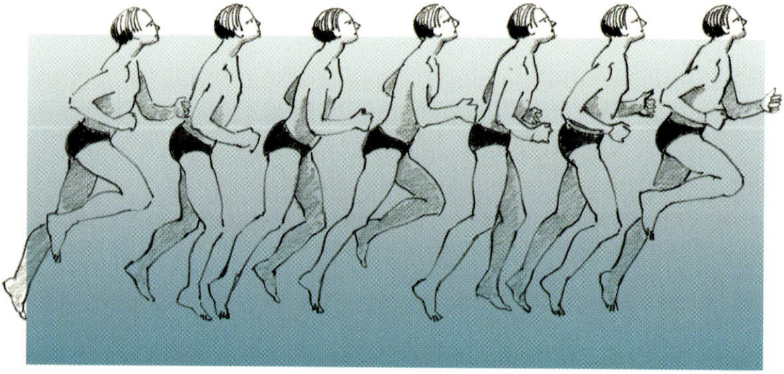

Die Sporttechnik

Die Ferse wird vollständig abgesenkt, so daß der Fuß den Boden berührt. Während der Schwungphase wird das Schwungbein stark gebeugt und dementsprechend hoch angeferst. Durch das hohe Anfersen wird die Widerstandsfläche verringert und ein größerer Raumgewinn erzielt. Die Vertikalbewegung bei der Sportbewegung ist höher als bei der Grundbewegung.

Auch bei der Armbewegung werden zwei Techniken unterschieden: die Jogging-Armbewegung und die Schöpfarmbewegung. Es ist je nach Körpergröße bzw. Wassertiefe und Beweglichkeit im Schultergürtel unterschiedlich, welche Armbewegung mit welcher Beinbewegung koordiniert wird.

Die Jogging-Armbewegung ähnelt der Bewegung beim Laufen an Land. Sie wird in der Sagittalebene (parallel zur Mittelachse) nahe am Körper vollzogen. Die Ellbogen sind leicht angewinkelt, die Arme schwingen aktiv mit. Je nach Wassertiefe und Körpergröße müssen die Arme gegen den Widerstand des Wassers arbeiten.
Die Schöpf-Armbewegung ähnelt der Bewegung des Kraulens durch das Wasser. Die Arme werden über Wasser nach vorne gebracht, tauchen ein und ziehen gegen das Wasser nach hinten. Die Handflächen sind dabei rückwärts gerichtet. Bei dieser Armbewegung kann die Laufbewegung gut ausbalanciert und das Gleichgewicht gehalten werden.

Bei der zweiten Form des Aqua-Joggings, dem Suspended Deep Water Running, handelt es sich um eine Form des Herz-Kreislauf-Trainings, bei der die Gelenkbelastung auf ein Minimum reduziert wird, so daß es auch übergewichtigen Personen möglich ist ein wirksames Herz-Kreislauf-Training durchzuführen. Der sich im Wasser befindende Körper ist fast schwerelos. Durch den Auftrieb des Wassers reduziert sich das Körpergewicht um 90 %. Verschiedene Lauftechniken wie: kleine Schritte, große Schritte, Kniehebeläufe (Knie hoch zur Brust) sowie Anfersen (Fersen an das Gesäß) kön-

nen je nach Beweglichkeit und Verletzung durchgeführt werden. Bei der Ausführung der Armbewegung hat sich die oben beschriebene Jogging-Armbewegung durchgesetzt.
Von größerer Bedeutung für das Tiefwasserjoggen ist die richtige Körperposition bzw. -lage: Nachstehendes Bild zeigt hier die richtige Ausführung beim Aqua-Jogging.
Für die Anfänger unter Ihnen ist es wichtig die Balance zu finden. Da man sich in der Schwerelosigkeit befindet, verändert sich der Körperschwerpunkt. Wenn Sie gelernt haben Arme und Beine im Wasser gegengleich zu bewegen, sind die nächsten Schritte relativ einfach. Dabei spielen die Bauchmuskeln eine wichtige Rolle, da sie durch Anspannung helfen, die Balance zu halten. Zu Beginn kann es Ihnen

Korrekte Ausführung des Aqua-Joggings

passieren, daß Sie kaum vorwärts kommen oder sogar auf der Stelle bleiben. Achten Sie beim Vor- und Zurückführen der Arme auf einen gleichmäßigen Einsatz, um Oberkörperverdrehungen zu vermeiden. Geraten Sie zu weit in Vor- oder Rücklage, setzen Sie wahrscheinlich die Arme in eine Richtung mehr ein als in die andere.
Die beste Körperhaltung beim Aqua-Jogging ist ein leicht nach vorn geneigter Oberkörper. Die Bewegungen beim Gehen oder Laufen im Wasser gleichen denen an Land. Das gilt auch für die Armbewegung. Mit Hilfe verschiedener Handhaltungen kann man den Widerstand auf die Arme und Schulter akzentuieren, um so ein effektives Training für den Oberkörper durchzuführen.

Im Anfängerbereich findet man häufig zwei Fehler:

1. Eine zu aufrechte Haltung, verbunden mit einem zu starken Kniehub, wodurch die Impulsübertragung über die kinetische Kette des Körpers wegfällt. Eine Fortbewegung ist nicht möglich.
2. Eine zu weite Vorlage vermindert den frontalen Wasserwiderstand und verringert somit die Effektivität. Hinzu kommt eine verstärkte Lordosierung im Bereich der Halswirbelsäule und eine Hyperextension im Hüftgelenk (Hohlkreuzhaltung), was sich langfristig als schädlich erweisen kann.

Im Rahmen der Rehabilitation nach Sportverletzungen, insbesondere der unteren Extremitäten, findet das Aqua-Jogging bereits vielfache Anwendung. Positiv ist auch, daß keine neue Bewegungsform erlernt werden muß, da es sich um einfache Laufbewegungen handelt, die nur an die Bedingungen des Wassers angepaßt werden müssen. Um sich überhaupt gegen den Wasserwiderstand fortbewegen zu können, ist der Einsatz großer Muskelgruppen notwendig, wodurch die Muskulatur des gesamten Körpers intensiv trainiert wird. Durch die vierzehnmal größere Dichte des Wassers gegenüber der Luft wird dem Körper eine große physische Leistung abverlangt, die er aber durch den fehlenden Bodenkontakt leichter absolvieren kann. Unterstützend wirkt

auch die bessere Thermoregulation, da das Wasser den Körper viel besser abkühlt und die Anstrengung als nicht so hart empfunden wird.
Bei der Aqua-Jogging-Bewegung steht die Muskulatur nicht unter Dauerspannung, sondern unterliegt einem raschen Wechsel von Anspannung und Entspannung. Bei dieser Form des dynamischen Trainings handelt es sich um die günstigste Form des Herz-Kreislauf-Trainings.

Die Vorteile des Aqua-Joggings zusammengefaßt:

- Die Verbesserung des kardiovaskulären Systems, die Verbesserung der Kraft und der muskulären Ausdauer
- Nach einer Laufverletzung können die Beine mobilisiert werden.
- Es werden alle Muskelgruppen belastet, vor allem die sonst oft vernachlässigten Muskeln des Oberkörpers.
- Der Rückfluß des Blutes zum Herzen wird durch den auf das venöse System einwirkenden Wasserdruck erleichtert.
- Muskuläre Spannungen werden durch den fehlenden Bodenkontakt vermieden.
- Bänder, Sehnen und Gelenke werden geschont.
- Die Verletzungsgefahr ist gegenüber dem Laufen an Land reduziert.
- Reduzierung von Fettgewebe durch 20–40% erhöhten Kalorienverbrauch des Organismus.
- Nutzung der positiven Eigenschaften des Wassers, um den Streß abzubauen.

Hilfsmittel beim Aqua-Jogging und ihre Einsatzmöglichkeiten

Zusätzlich zum Aqua-Jogger® werden mittlerweile Produkte angeboten, die ein Fitneßtraining im Wasser erweitern und verbessern. Dazu gehören die speziellen Schuhe, die Aqua-Runner Footwear™ und Hanteln, die sogenannten Delta

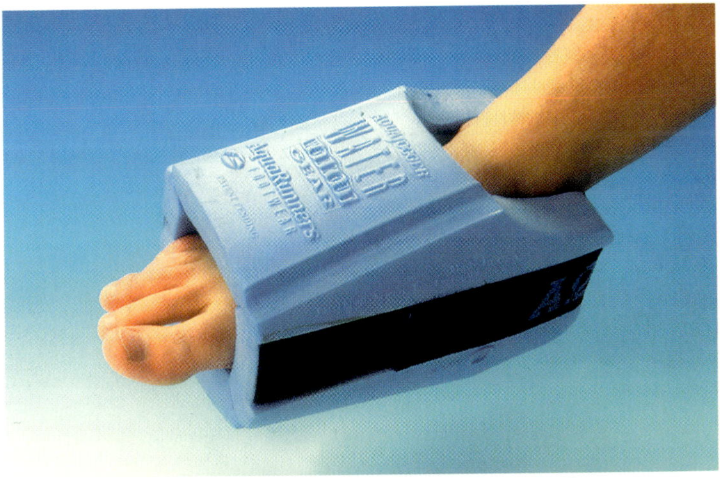

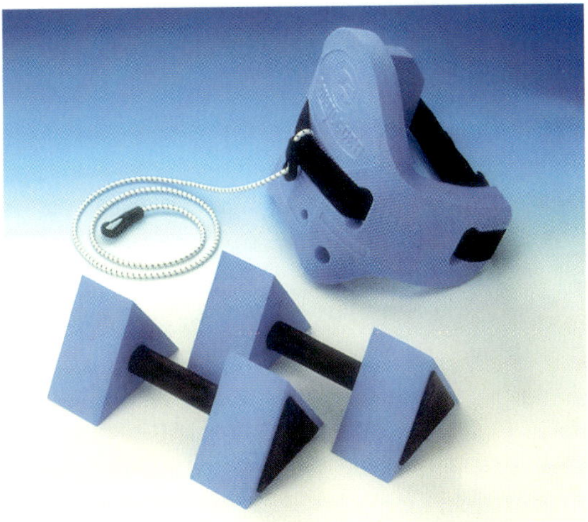

Aqua-Runner Footwear™

Aqua-Jogging Equipment (Aqua-Jogger®, Delta Bells, Aqua-Jogger Hitch)

Bells™, sowie ein Zugwiderstandsseil, der Aqua-Jogger Hitch. Das zuletzt genannte Zugwiderstandsseil empfielt sich besonders bei Platzproblemen, da man gegen erhöhten Widerstand auf der Stelle trainieren kann.

Mit diesen Hilfsmitteln kann die Belastung gesteigert werden, und die Möglichkeiten eines Fitneßtrainings werden stark erweitert.

Für den Leistungssport bietet das Aqua-Jogging eine Trainingsalternative und -ergänzung. Im Breitensport kann es zu einer zusätzlichen physischen und psychosozialen Aktivierung führen. Im Bereich des Behindertensports ist es besonders gut bei Gliedmaßenschäden, orthopädischen und neurologischen Behinderungen einzusetzen. Im immer wichtiger werdenden Bereich der Prävention ist das Aqua-Jogging besonders zur Kräftigung des Herz-Kreislauf-Systems einzusetzen. Gleichzeitig werden die Gelenke geschont, und durch den hohen Kalorienverbrauch ist es zur Reduzierung des Körpergewichts zu empfehlen.

Belastungssteuerung und Kontrolle

Nach Eckey und Froböse ist die Steuerung der Belastung beim Aqua-Jogging durch eine Veränderung der Bewegungsart und -weite, der Bewegungsfrequenz, den Einsatz der Armbewegung und den Raumgewinn während der Fortbewegung möglich. Die Bewegungsfrequenz bestimmt die körperliche Belastung. Zur besseren Orientierung sollten Anfänger mit einer Bewegungsfrequenz von 30–50 Beinbewegungen pro Minute beginnen.
Leistungsstärkere Sportler können dann auf bis zu 80 Beinbewegungen pro Minute erhöhen. Anfänger sollten mit der später noch ausführlich beschriebenen Intervallmethode beginnen und erst bei genügend ausgereifter Technik zur Dauermethode übergehen. Die Intervallmethode erweist sich auch im Bereich der Rehabilitation als die günstigste, da auf diese Weise Übermüdungs- und Überlastungszustände vermieden werden können. Für den Personenkreis, der unter orthopädischen Verletzungen oder chronischen Gelenkerkrankungen leidet, gilt: Trainieren Sie nur bis zur Schmerzgrenze.

Kapitel 6
Rehabilitation mit Aqua-Fitneß

Die Bewegungstherapie im Wasser zählt schon seit vielen Jahren zum festen Bestandteil rehabilitativer Maßnahmen. Die krankengymnastische Behandlung im Wasser ist dabei als unterstützende Maßnahme anderer Therapieformen zu verstehen. Durch die Auftriebskraft des Wasser ist es auch Patienten mit schmerzenden Gelenken, mit Rückenerkrankungen oder muskulären Beschwerden möglich, sich leicht und schmerzfrei zu bewegen. Die bereits beschriebenen Faktoren Wasserverdrängung, Auftriebskraft und Reibungswiderstand spielen bei der Bewegungstherapie eine wichtige Rolle. Sie können vom Therapeuten so genutzt werden, daß positive Effekte für den Patienten und dessen Gesundheit eintreten.

Die Temperatur des Wassers spielt dabei eine wichtige Rolle. Im allgemeinen werden Bewegungsbäder bei einer Wassertemperatur von 28–32° C abgehalten, welches unter der normalen Körpertemperatur von etwa 37° C liegt. Aufgrund der Muskelarbeit im Wasser kommt es zu einer Stoffwechselsteigerung und somit zu einer Wärmeproduktion. Da im Wasser kein Schwitzen möglich ist, wird der entstehende Wärmeüberschuß durch das niedriger temperierte Wasser kompensiert. Liegt die Wassertemperatur in Höhe der Körpertemperatur oder darüber, kann es zu einem stark kreislaufbelastenden Wärmestau kommen.

Unter Ausnutzung der Auftriebskraft des Wassers kann bereits in einem frühen Behandlungsstadium mit der Therapie begonnen werden. Durch die im Wasser fast schwerelos durchführbaren Bewegungen können eine Lockerung der

Muskulatur und eine Stoffwechselsteigerung erzielt werden. Die Entlastung schützt dabei nicht nur die Gelenke und Muskeln, sondern auch die Wirbelsäule und Bandscheiben. Besonders bei Rückenschmerzen, Muskelverspannungen und Schulter-Arm-Syndromen sind Bewegungsbäder zu empfehlen. Das Wasser hat dabei auch einen psychologischen Effekt. Besonders bandscheibenoperierte Patienten haben große Angst vor Bewegungen. Der Aufenthalt im Wasser hilft diese Angst zu überwinden, wodurch ein gezieltes Muskelaufbautraining möglich ist.
Je nachdem wie tief ein Körper sich im Wasser befindet, wird sein Eigengewicht aufgehoben. Bewegungen, die an Land unmöglich wären, können im Wasser durchgeführt werden, der Heilungsprozeß wird erheblich verkürzt.
Der Reibungswiderstand des Wassers ermöglicht eine gezielte und konsequente Arbeit zum Aufbau erschlaffter Muskeln und Muskelgruppen. Er ist abhängig von der Größe des zu bewegenden Körperteils (Angriffsfläche) und vom Tempo der Ausführung. Je schneller man sich im Wasser zu bewegen versucht, desto stärker wirkt der Wasserwiderstand. Außerdem entsteht bei allen Bewegungen im Wasser eine Strömung, die je nach Bewegungsausführung dem Patienten eine Erleichterung oder Erschwerung verschafft. Als Beispiel für eine Belastungssteigerung kann das Training der Beinmuskulatur dienen. Zu Beginn eines physiotherapeutischen Trainings wird in tiefem Wasser gelaufen. Im Verlauf der Therapie wird die Belastung durch das Laufen in immer niedriger werdendem Wasser gesteigert.
Die Übungsausführungen umfassen dabei verschiedene Formen der Gangschule, wie Storchengang, Zehenspitzen- und Fersengang, Gehen in tiefer oder halbhoher Hocke und das Gehen im Ausfallschritt. In einem späteren Stadium kann das Treppensteigen hinzugenommen werden.
Bei der Therapie von Sportverletzungen hat sich das Wasser ebenfalls als erfolgreiches Behandlungsmedium erwiesen. Besonders nach Meniskus-, Achillessehnen- und Bandscheibenoperationen kann sehr schnell mit einem intensiven und für den Patienten gefahrlosen Rehabilitationstraining begonnen werden.

Die therapeutischen Anwendungsmöglichkeiten

1. Haltungs-, Muskel- und Bindegewebsschwäche, besonders bei Jugendlichen
2. Bewegungseinschränkung bei Wirbelsäulensyndromen, Muskelschmerzen, Spondylosen, Diskopathien
3. Myalgien, Hexenschuß (Lumbago), Myogelosen
4. Herz-Kreislauf-Beschwerden, insbesondere bei Bewegungsmangel
5. Durchblutungsstörungen

Es ist allerdings zu beachten, daß der Aufenthalt im Wasser nicht in jedem Falle therapeutisch einzusetzen ist.

Kontraindikationen sind:

1. Alle akuten Infekte und Entzündungen
2. Hoher Blutdruck und Herzinsuffizienz
3. Anfallsleiden
4. Offene Wunden
5. Hauterkrankungen

Übungsbeispiele nach einer Achillessehnenoperation:

(Zur Veranschaulichung einer therapeutischen Behandlung im Wasser)

1. Aufrechter Stand und im Wechsel in den Zehenstand drücken
2. Aufrechter Stand und mit beiden Füßen in den Fersenstand drücken
3. Abwechselnd Fersenstand und Zehenstand
4. Einbeiniges Hochdrücken in den Zehenstand
5. Zehengang
6. Fersengang
7. Laufen
8. Kniehebelauf
9. Hüpfübungen, die erst beidbeinig und später einbeining durchgeführt werden

Im fortgeschrittenen Behandlungsstadium folgen Sprünge und Dehnübungen. Eine Belastungssteigerung ist durch eine Erhöhung der Wiederholungszahl und durch die Bewegung in immer niedriger werdendem Wasser möglich.

Für Athleten, die durch die Ausübung einer rückenbelastenden Sportart mit Wirbelsäulenveränderungen wie Skoliose, Rundrücken, Hohlkreuz oder Scheuermannsche Erkrankung zu kämpfen haben, hat sich das Bewegungsbad ebenfalls als sehr gute Maßnahme zur Bekämpfung dieser Krankheitsbilder erwiesen.

Turner, Radfahrer, Leichtathleten und Tennisspieler können durch eine gezielte Bewegungstherapie im Wasser, die durch Überlastung bedingten Beschwerden erfolgreich bekämpfen. Am sinnvollsten hat sich dabei eine Ausgleichgymanstik erwiesen.

Tips, die bei einem Rehabilitationstraining im Wasser zu beachten sind:

- Schützen Sie vorsichtshalber den verletzten Bereich, indem Sie ihn tapen oder einen wasserdichten Verband umlegen.
- Unterscheiden Sie Fitneßprogramme und Rehabilitationsprogramme. Vermeiden Sie alle Bewegungen, die Schmerzen verursachen. Manchmal läßt es sich allerdings nicht vermeiden, solche Bewegungen durchzuführen, um die Schmerzgrenze zunächst einmal auszutesten. Als Faustregel gilt dann: Trainieren Sie nur bis zur Schmerzgrenze.
- Treten bei bestimmten Bewegungen Schmerzen auf, sind diese langsamer durchzuführen und eventuell abzuändern. Hören Sie auf Ihren Körper. Sollte kein Therapeut oder Arzt in der Nähe sein, heißt die Devise: Die Bewegung, die Schmerzen verursacht, wird nicht durchgeführt.
- Ist man nicht in der Lage, das verletzte Gelenk zu mobilisieren, sind die angrenzenden Gelenke entsprechend zu trainieren. Viele Muskeln ziehen über zwei Gelenke. Der Wadenmuskel (M. Gastrocnemius) zieht

über Fußgelenk und Kniegelenk. Ist man nicht in der Lage, das Fußgelenk zu belasten, sind Übungen mit dem Kniegelenk durchzuführen, um den Wadenmuskel zu trainieren. Weitere Beispiele für Muskeln, die über zwei Gelenke ziehen, sind die Muskulatur der Oberschenkelvorderseite (M. Quadriceps), die über Knie und Hüfte ziehen, und die Armmuskeln (M. Triceps und M. Biceps), die über Schulter und Ellenbogen gehen.

- Während einer Rehabilitationseinheit im Wasser kann es gerade zu Beginn immer wieder passieren, daß Schmerzen auftreten oder verletzte Körperbereiche anschwellen. Haben Sie Geduld, von Einheit zu Einheit wird sich Ihr Zustand verbessern.
- Bei allen Rehabilitationseinheiten ist auf die korrekte Bewegungsausführung zu achten. Dieses sollte die Aufgabe des Therapeuten sein, der über genügend biomechanische Kenntnisse verfügen muß.
- Bei akuten Verletzungen sollten Sie auf neue Bewegungsformen verzichten. Wenn Sie dennoch etwas Neues ausprobieren möchten, führen Sie die Bewegungen langsam aus und hören Sie auf Ihren Körper.
- Steigern Sie die Intensität des Rehabilitationstrainings langsam, aber stetig. Erhöhen Sie zunächst die Wiederholungszahlen der Übungen und dann die Geschwindigkeit.
- Wenn zusätzliche Rehabilitationsmaßnahmen im Trockenen durchgeführt werden, sollte die Wassertherapie nicht am gleichen Tag durchgeführt werden. Besonders bei hohen Wassertemperaturen ist sie sehr ermüdend.
- Wenn die äußeren Bedingungen es zulassen, sollten Sie Ihr Aufwärmprogramm im tiefen Wasser durchführen, um jede Belastung der Gelenke zu vermeiden.
- Führen Sie ein ausgedehntes Stretchingprogramm durch.
- Wenn vorhanden, sollten die verletzten Körperbereiche (Fuß, Knie oder Schulter) noch mit einer Kaltwassertherapie nachbehandelt werden.

Kapitel 7 Trainingsformen der Aqua-Fitneß

Im Rahmen der Aqua-Fitneß bieten sich eine Reihe von verschiedenen Trainingsformen an, die sich jeweils danach richten, welche Ziele Sie verfolgen. Im Bereich des Gesundheitssports ist die Dauermethode sicherlich ausreichend, allerdings würde man auf eine Reihe von abwechslungsreichen und interessanten Fitneßmethoden verzichten. Wir möchten Ihnen im folgenden drei verschiedene Formen des Aqua-Fitneß-Trainings vorstellen:

1. Die Dauermethode
2. Die Intervallmethode
3. Die Wiederholungsmethode

Dauermethode

Grundlage der Dauermethode ist eine ununterbrochene Belastung über einen Zeitraum von 30 Minuten bis zwei Stunden.

Variationsmöglichkeiten sind gegeben durch:

a) kontinuierliche Dauermethode
Eine Belastungsform, bei der die Intensität immer gleich bleibt (Puls ca. 130–150 Schläge/min)

b) variable Dauermethode
Bei dieser Methode wechseln sich intensive mit weniger

intensiven Phasen ab, und der Puls liegt zwischen 120–160 Schlägen/min

c) Fahrtspiel
Eine individuell zu planende Belastungsform, bei der sich Intensität und Dauer des Trainings nach der Ausführung des Trainierenden richten. Die Belastungsbreite variiert von niedrig bis maximal, der Puls liegt zwischen 120 und 180 Schlägen/min

Was erreiche ich durch die Dauermethode?

Durch die lange Trainingsdauer und die fast gleichbleibende Intensität laufen die physiologischen Prozesse relativ konstant ab. Der Körper eignet sich eine ökonomische Bewegungsausführung an, und die Organsysteme werden leistungsfähiger. Im Bereich der Koordination schleift sich ein sogenanntes dynamisch-motorisches Stereotyp ein, das für eine ökonomische Bewegungsausführung notwendig ist.

Intervallmethode

7

Charakteristisch für die Intervallmethode sind die wechselnden Beanspruchungsformen von Belastung und Erholung. Die Belastung führt dabei nicht zur völligen Ermüdung, die Entlastung nicht zur völligen Erholung, wobei man auch von einer »lohnenden Pause« spricht. Die Belastungsphase und die Pausendauer sind abhängig von der Belastungsintensität, von der Belastungsdauer und vom individuellen Trainingszustand. Am leichtesten lassen sich die entsprechenden Intervalle mit einer regelmäßigen Überprüfung des Pulses kontrollieren.
In der Erholungsphase sollte der Puls Werte von 120–130 Schläge/min erreichen. Bei den Intervallmethoden wird nach Belastungsintensität und Belastungsdauer unterschieden.
Im Rahmen der Belastungsintensität gibt es die extensive Intervallmethode, für die eine geringe Belastungsintensität und eine kurze Pause charakteristisch ist und die intensive Inter-

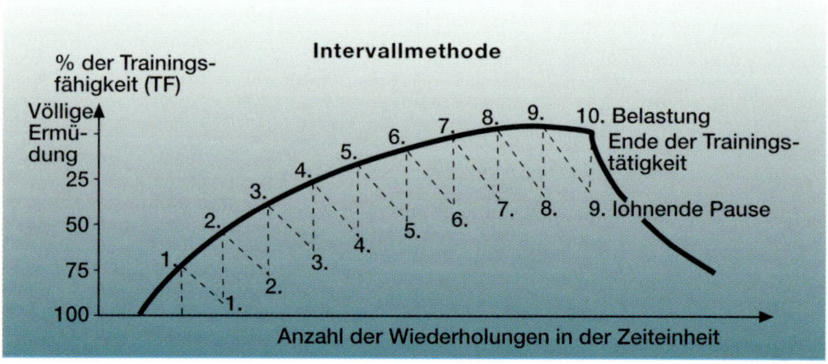

Belastungs-intensität	Pause	Belastungs-umfang	Belastungs-dauer
60 - 80%	"lohnende Pause"	Mittel 10 - 12 Wieder-holungen	Kurz - Mittel 15 - 60 sec.(KZI) 1 - 8 min. (MZI) 8 -15 min. (LZI)

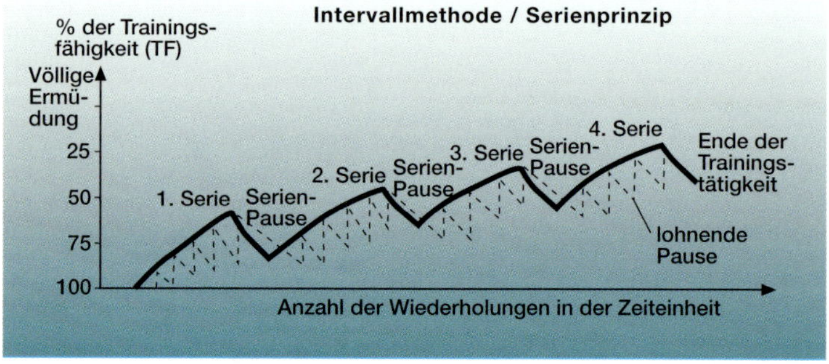

Belastungs-intensität	Pause	Belastungs-umfang	Belastungs-dauer
70 - 90%	"lohnende Pause" Serienpause (3 -10 min.)	Hoch 12 - 40 Wieder-holungen	Mittel 30 - 90 sec. 2 - 3 min.

Formen des Intervalltrainings

vallmethode mit hoher Belastungsintensität und längerer Pause. Im Bereich der Belastungsdauer wird die Kurzzeit, die Mittelzeit und die Langzeitintervallmethode unterschieden. Obige Tabelle gibt noch einmal einen Überblick über die Varianten der Intervallmethode.

Mit der Intervallmethode wird das Herz durch den häufigen Wechsel von Belastung und Entlastung auf zwei Arten trainiert. In der Belastungsphase setzt ein Hypertrophiereiz (Vergrößerungsreiz) ein, da das Herz sogenannte Herzdruckarbeit leisten muß. In der Entlastungsphase kommt es zu einem Herzerweiterungsreiz, da das Herz vorrangig Herzvolumenarbeit leistet. Im koordinativen Bereich wird die Bewegung dahingehend verbessert, daß durch die erhöhte Toleranz gegenüber Ermüdung besser gearbeitet werden kann. Psychisch wirkt sich das Intervalltraining dahingehend aus, daß man lernt, den »inneren Schweinehund« zu überwinden.

Circuittraining

Beim Circuittraining (auch Kreistraining genannt) sucht man sich mehrere Übungen aus, die unterschiedliche Muskelgruppen beanspruchen und die in einem Zirkel durchlaufen werden. Die Belastungsdauer pro Übung beträgt 20–40 Sekunden, die Pause variiert je nach Leistungsstärke im Vergleich zur Belastung in einem Verhältnis von 1:1 oder 1:2. Das Circuittraining ist sowohl im Leistungs- als auch im Gesundheitssport anzuwenden und dient sowohl dem Erhalt, der Wiederherstellung oder auch der Entwicklung der körperlichen Fitneß. Die wichtigsten Muskelgruppen des gesamten Körpers werden in einem ständigen Wechsel belastet, wodurch vor allem Kraft, Schnelligkeit und Ausdauer trainiert werden. Es kann sehr gut in Gruppen unterschiedlicher Leistungsstärke trainiert werden, da die Belastung individuell gut zu dosieren ist. Mit Hilfe von Trainingsprotokollen ist jeder in der Lage, seine Fortschritte genau festzuhalten. Ziel des Circuittrainings ist es, die Übungswiederholungen in der vorgegebenen Zeit zu steigern.

Was ist zu beachten?

Bevor Sie mit einem Circuittraining beginnen, müssen einige organisatorische Dinge erledigt werden:

1. Zusammenstellung der Übungen

2. Trainingsprotokollkarten mit den ausgewählten Übungen
3. Stoppuhr, Trillerpfeife oder Kassettenrecorder

zu 1:
Achten Sie bei der Zusammenstellung der Übungen, daß alle Muskelgruppen zum Einsatz kommen, und stellen Sie die Übungen so zusammen, daß nicht eine Muskelgruppe zweimal hintereinander trainiert wird.

zu 2:
Die Trainingsprotokollkarten werden für jeden Trainierenden erstellt. Auf ihnen sind der Name, das Alter, die Trainingstage, die Übungen, die Übungs- und Pausenzeit und die Pulswerte vor und nach der Belastung einzutragen. Anhand der Programme, die im Gesundheitsbegleiter (Trainingseinheiten für Nichtschwimmer bzw. Schwimmer) aufgeführt werden, können Sie Ihr individuelles Trainingsprogramm erstellen.

zu 3:
Zur Einhaltung der Belastungs- und Pausenzeit kann der Übungsleiter oder Trainer eine Stoppuhr und eine Trillerpfeife benutzen. Da nur die wenigsten von Ihnen mit einem Übungsleiter trainieren, möchten wir Ihnen einen anderen Vorschlag machen: Nehmen Sie sich die Zeit, eine Musikkassette zusammenzustellen. Suchen Sie sich einige flotte Musikstücke und ein langsames, vielleicht klassisches Musikstück aus. Nehmen Sie entsprechend der Belastungszeit das schnelle Musikstück auf und unterbrechen Sie es mit dem langsamen Teil. Die Musik kann in der Belastungszeit sehr motivierend wirken und in der Pause, während des Gerätewechsels, entspannend sein.

Beispiele für schnelle rhythmische Musikstücke sind:

- ›Walking on Sunshine‹ von Suzy and the Benchies
- ›Flashdance‹ von Irene Cara
- ›Lambada‹ von Kaoma
- ›How will I know‹ von Whitney Houston

Beispiele für langsame Musikstücke sind:

- ›Morgenstimmung‹ von Peer Gynt
- ›Sinfonie Nr. 5 (Andante con moto)‹ von Ludwig van Beethoven
- ›Schwanensee-Ballett-Suite op. 20‹ von Tschaikowsky
- ›Air‹ aus der ›Suite Nr. 3 in D-Dur‹ von J. S. Bach

7

Kapitel 8
Umfang und Intensität einer Trainingseinheit

Als Faustregel für ein optimales Herz-Kreislauf- oder Fitneß-Training gilt: Wichtiger als die Dauer und die Intensität einer Trainingseinheit ist die Häufigkeit. Bei einem nur einmal die Woche durchgeführten Training beispielsweise wird der derzeitige Leistungsstand lediglich gehalten und nicht verbessert.

Trainiert man zweimal wöchentlich, kann es bereits zu Anpassungserscheinungen kommen. Bei drei bis vier Einheiten in der Woche ist von einem optimalen Training zu sprechen.

Je nach Leistungs- und Trainingszustand variiert die Trainingsdauer und die Einteilung der Trainingstage. Sportliche Beginner sowie gut trainierte Sportler sollten auf genügend lange Regenerationszeiten zwischen den Trainingstagen achten, damit die nächste Einheit unter günstigen körperlichen Voraussetzungen durchgeführt werden kann. In den Erholungsphasen bieten sich Regenerationsmaßnahmen wie Massagen, Sauna, heiße Bäder, Entspannungsübungen, Bestrahlungen etc. an, um direkt nach der Belastung den Stoffwechsel wieder zu normalisieren. Mehrere Stunden nach der Belastung dienen sie dazu, die beanspruchte Muskulatur wieder zu lockern. Zu den Regenerationsmaßnahmen gehört auch die Ausgleichsgymnastik. Es handelt sich hierbei um entsprechende Dehn- oder Stretchingübungen, die zwischen den Trainingstagen ohne großen Aufwand durchgeführt werden können (siehe Gesundheitsbegleiter, S. 10).

Die Intensität und Dauer einer Aqua-Fitneß-Stunde richtet sich nach dem Trainingszustand des Übenden. Wir unterscheiden dabei ein Minimal- und ein Optimalprogramm.

Minimalprogramm

Das Minimalprogramm stellen wir für sportliche Anfänger oder lang pausierende Sportler als Einstiegsprogramm vor. Der minimale Zeitaufwand, der bei der Aqua-Fitneß notwendig ist, um Anpassungserscheinungen hervorzurufen, beträgt ungefähr zwanzig Minuten. Dazu sollten Sie noch etwa zehn Minuten Auf- und Abwärmen rechnen.

Wir empfehlen zwei bis drei Trainingseinheiten in der Woche, mit ein bis zwei Tagen Erholung zwischen den Trainingstagen. Ein erstelltes Trainingsprogramm mit entsprechenden Vorgaben der Intensität sollte über vier Wochen eingehalten werden. Nach dieser Zeit wird das Trainingsprogramm sowohl quantitativ als auch qualitativ erhöht. Insgesamt erstreckt sich das Minimalprogramm auf zwölf Wochen. Wer innerhalb dieses Zeitraumes die Übungseinheiten konsequent und regelmäßig durchführt, immer mit Rücksicht auf das eigene Wohlbefinden, wird die ersten Trainingserfolge während der normalen Alltagsbelastungen feststellen. Diese Erfolge könnten so aussehen, daß Sie beim Treppensteigen nicht mehr so schnell außer Atem kommen.

Die Intensität im Minimalprogramm ist relativ schwer zu bestimmen. Da es sich um ungeübte Sportler handelt, sollte das Aufwärmen nur wenige Minuten dauern, damit der Übende im Hauptteil nicht erschöpft ist. Die Herzfrequenz, die uns zur Verfügung stehende, objektivste Möglichkeit der Intensitätssteuerung, sollte bei einem Ruhepuls von etwa 65 Schlägen pro Minute, ungefähr 90 Schläge pro Minute betragen. Bei den speziell ausgewählten Übungen kann die Herzfrequenz bis auf 130–140 Schläge pro Minute steigen. In der Erholungs- oder Abwärmphase sollte der Puls auf zehn bis zwanzig Schläge über den Ruhepuls absinken.

Diese Werte gelten nur für gesunde Menschen. Im Rehabilitationstraining beispielsweise müßte die Herzfrequenz, aufgrund des Einsatzes gezielter Muskelgruppen und geringerer Bewegung, herabgesetzt werden. Bei kleinen Spielen kann die Pulsfrequenz kurzzeitig etwas höher liegen. Für die Aquarobic sollten Sie die Musik so wählen, daß der Rhythmus (Beats pro Minute) nicht zu schnell ist. Durch schnell durchgeführte Bewegungen steigt die Herzfrequenz ebenfalls an. Oftmals wird die Belastung aufgrund der ablenkenden Musik unterschätzt. Das Aqua-Power-Training findet seinen Einsatz erst im Optimalprogramm.

Vom Minimal- zum Optimalprogramm

Wie oben beschrieben wollen wir nach zwölf Wochen Minimaltraining zum Optimalprogramm übergehen. Das wöchentliche Trainingsprogramm beinhaltet drei bis vier Trainingseinheiten von je 30 bis 50 Minuten Dauer. Zur reinen Übungszeit kommt noch das etwa zehn bis fünfzehn Minuten dauernde Auf- und Abwärmen hinzu. Aufgrund der längeren Übungsstunde und der gesteigerten Fitneß kann das Trainingsprogramm vielseitiger und abwechslungsreicher gestaltet werden. Alle Möglichkeiten, die die Aqua-Fitneß bietet, können eingesetzt werden. Dabei ist es egal, ob es sich um ein Rehabilitationstraining oder eine Aqua-Power-Stunde handelt. Die Bewegungen, die im Minimalprogramm noch ohne Hilfsmittel durchgeführt wurden, können im Optimalprogramm durch entsprechende widerstandsvergrößernde Geräte variiert werden.
In bezug auf die Trainingsform sollten Sie sich bei dem Minimalprogramm auf die extensive Intervallmethode beschränken. Die einzelnen Übungsformen sollten ein bis zwei Minuten geübt werden und stellen dadurch ein Intervall dar. Da die Sportanfänger eine Weile benötigen, um die Bewegung korrekt auszuführen, wäre ein schneller Wechsel der Übungen ohne große Erfolgserlebnisse. Nach einigen Wochen sollte der Trainingszustand soweit stabilisiert sein, daß Sie die Einheit auch in der Dauermethode absolvieren können (siehe Kapitel 7). Bei dem Optimalprogramm können Sie in den Trainingsformen variieren und sogar ein Circuit mit verschiedenen Stationen aufbauen.
Die Trainingsintensität während einer Aqua-Fitneß-Stunde richtet sich nach der jeweiligen Zielsetzung. Sie können zwischen einem Ausdauer-, Kraft- oder Beweglichkeitstraining wählen. Die Herzfrequenz ist für die verschiedenen Trai-

ningsformen nicht exakt festzulegen. Einige Punkte geben wir dabei zu bedenken:

- Je trainierter Sie in den einzelnen Bewegungsarten sind, desto niedriger bleibt die Frequenz.
- Je langsamer die Bewegungen (Kraft- und Beweglichkeitsübungen langsamer als Ausdauerübungen), desto niedriger die Herzfrequenz.
- Je intensiver die Bewegungen (Kraftübungen intensiver als Ausdauerbewegung), desto höher die Herzfrequenz.
- Je länger die Übungen andauern (Ausdauerübungen länger als Kraftbewegungen), desto höher steigt die Anzahl der Pulsschläge.

Sie merken also, daß bei der Aqua-Fitneß neben Alter, Trainingszustand, Ruhepuls etc. noch Übungsform und -ausführung die Herzfrequenz beeinflussen. Eine grobe Einteilung der Belastungseinordnung finden Sie im Kapitel 4 ab Seite 43.
Im Verlauf des Optimaltrainings werden Sie durch die Koordinationsverbesserung ökonomische Bewegungen erreichen. Sie lernen Ihren Körper besser kennen und erfahren, wie fit man sich, auch nach einem Trainingsprogramm, fühlen kann. Zum Optimalprogramm gehören, wie beim Minimaltraining schon beschrieben, die entsprechenden Regenerationsmaßnahmen und die Ausgleichsgymnastik.

Aufbau eines Aqua-Fitneß-Trainings

Der Ablauf der Aqua-Fitneß sollte, egal in welchem Trainingsstadium Sie sich befinden, eine gesundheitsorientierte Reihenfolge aufzeigen. Beginnen Sie mit einem leichten Aufwärmprogramm. Das Aufwärmen, auch Warm-up genannt, besteht vorwiegend aus Ganzkörperübungen. Es werden leichte Bewegungsabläufe durchgeführt mit dem Ziel das Herz-Kreislauf-System anzuregen und den Muskelstoffwechsel zu erhöhen. Gezielte Dehnübungen, die speziell die

Muskelgruppen strecken, die Sie später im Hauptteil beanspruchen, dürfen in einem Aufwärmen nicht fehlen. Es handelt sich hierbei um ein aktives Warm-up. Sicher haben Sie schon etwas von ›passivem Aufwärmen‹ gehört. Dabei wird mit Massagen, erwärmenden Salben, Heißluft, Infrarotbestrahlung, Wärmepackung etc. gearbeitet. Der Körper wird dabei ohne eigene Aktivität erwärmt. In jedem Fall sollten Sie dem aktiven Aufwärmen den Vorzug geben.
Der Hauptteil einer Aqua-Fitneß sollte ungefähr zwei Drittel der Trainingsstunde in Anspruch nehmen. Einige wichtige Grundsätze sollten Sie bei der Einteilung beachten.

Üben Sie immer von leichten Bewegungsformen zu schwierigeren oder kombinierten. Beginnen Sie mit den Übungen, bei denen der gesamte Körper beansprucht wird. Arbeiten Sie von den größeren Muskelgruppen wie Beine oder Rumpf, zur kleineren Muskulatur (Schulter/Arme). Setzen Sie die Hilfsmittel erst ein, wenn die Bewegungsformen ohne Geräte keine Probleme mehr bereiten.

Das schwierigste bei der Einteilung des Hauptteils sind die unterschiedlichen Trainingsziele, die in einer Aqua-Fitneß erreicht werden können. Nachfolgend sind verschiedene Trainingsziele mit dem entsprechenden Ablauf der Übungseinheit aufgeführt.

Rehabilitationstraining

a) Die großen Muskelgruppen um den Verletzungspunkt werden durch einfache Bewegungsformen gelockert, später gekräftigt.
b) Die Muskelgruppe, die direkt betroffen ist beziehungsweise die das betroffene Gelenk bewegt, wird gelockert und durch einfache Übungen in der gesamten Bewegungsamplitude ausgeführt. Dabei sollte möglichst lange die gleiche Bewegung geübt werden.
c) Die Übungen werden durch widerstandsvergrößernde Hilfsmittel verstärkt, d. h. die Muskulatur gekräftigt.

Wir empfehlen, in der Intervallmethode zu trainieren. Anschließend folgen Lockerungs- und Entspannungsübungen.

Ausdauertraining/Fettverbrennung

a) Durchführung von einfachen Bewegungsformen mit sehr geringer Intensität. Hilfsmittel werden nur bei gut trainierten Sportlern eingesetzt.
b) Trainiert wird ausschließlich nach der Dauermethode, wobei die Übungen ständig gewechselt werden können. Der gesamte Körper wird aktiviert.
c) Die verschiedenen Bereiche des Körpers sollten abwechselnd belastet werden. Gesamtkörperbewegungen sowie ausdauernde Spiele können Sie ebenfalls einsetzen.

Krafttraining

a) Je nachdem, welche Muskelgruppen gestärkt werden sollen, wird die Stunde eingeteilt.
b) Handelt es sich beispielsweise nur um die Beinmuskulatur, ist es sinnvoll, mit einfachen Bewegungsformen für den Beinstrecker und Beinbeuger zu beginnen. Die Bewegungen werden durch widerstandsvergrößernde Geräte erschwert. Alle Muskeln des Beines werden abwechselnd gekräftigt.
c) Wird das gesamte Muskelkorsett in einer Stunde gekräftigt, können Sie entweder die Bewegungen der verschiedenen Bereiche abwechseln oder die einzelnen Körperbereiche nach und nach belasten. Beim zuletzt genannten ist die Intensität wesentlich höher, da die Muskulatur keine lohnende Pause zwischen den einzelnen Übungen erhält.

Beweglichkeitstraining

a) Hierbei kommt es im wesentlichen auf die Erhöhung der Bewegungsamplitude der Gelenke an. Es handelt sich um ein Bewegungsprogramm, kombiniert mit vielen Stretchingübungen. Liegt die Wassertemperatur

8

höher als 34 Grad Celsius, können Sie auch eine reine Dehneinheit durchführen.

b) Die Dehnbewegungen werden etwa zwanzig Sekunden in der Dehnendstellung gehalten. Jede Übung wenigstens zweimal wiederholen, damit der Streckeffekt spürbar wird.

c) Die einzelnen Übungen sollten sich mit einfachen Lockerungsübungen wie lockerem Traben abwechseln. Beginnen Sie mit den großen Muskelgruppen, und arbeiten Sie die Körperteile nach und nach durch.

Allgemeines Fitneßtraining

Bei einem allgemeinen Fitneßtraining sollten die Stundenabläufe ständig variieren. Sie können einige Zeit spezielle Muskelgruppen einzeln trainieren, reine Spielstunden veranstalten, eine Ausdauerstunde durchführen oder ein Circuittraining aufbauen. Die verschiedenen Konditionselemente werden dabei angesprochen und verbessert. Der große Vorteil liegt demnach in der Variation und Spontaneität.

Genauso wichtig wie der Hauptteil ist das Abwärmen oder Cool-down. Leider fällt das Abwärmen aus Zeitmangel oftmals zu kurz aus. Funktion des Cool-down ist die Beschleunigung der Normalisierung des Stoffwechsels und die Beseitigung der hypertonen Funktionslage der Muskulatur. Durch kontinuierliche Ganzkörperübungen wird der aktive ›Spüleffekt‹ hervorgerufen, das bedeutet, durch eine laktatfreie Muskelmehrdurchblutung werden die Stoffwechselabbauprodukte aus den belasteten Regionen ausgeschwemmt. Ist die Stoffwechsellage einigermaßen normalisiert, sollten spezielle Dehnübungen folgen.
Dabei wird die beanspruchte und dadurch verkürzte Muskulatur wieder gestreckt. Die Übungen stellen eine gute Prophylaxe vor eventuell auftretendem Muskelkater, allgemeiner Erschöpfung und Verletzungen dar.
Außerdem eignen sich zum Abwärmen verschiedene Entspannungsübungen. Eine davon könnte zum Beispiel das

Liegen in Rückenlage auf dem Wasser sein. Bei Unsicherheiten können Auftriebshilfen eingesetzt werden. Der Körper schwebt entspannt an der Wasseroberfläche und wird durch die minimalen Wellenbewegungen gleichmäßig massiert. Bedenken Sie, daß der Körper bei ruhiger Lage sehr schnell auskühlt. Das aktive Abwärmen zeigt die besten Erholungswerte. Unter dem passiven Cool-down versteht man Entmüdungsmassagen, Sauna, heißes Vollbad usw. Wir empfehlen, das passive Abwärmen als Regenerationsmaßnahme einzusetzen.
Nach diesen trainingsmethodischen Tips müßten Sie in der Lage sein, Ihre Übungsstunde optimal vorzubereiten

Übungsformen der Aqua-Fitneß

Da jeder von Ihnen mit einer anderen Zielsetzung eine Aqua-Fitneß-Stunde durchführt, haben wir die Übungsformen nach verschiedenen Körperpartien geordnet. Diese sind unterteilt in Schulter- und Armbewegungen, Übungen zur Rumpfstabilisation, Beinübungen und Bewegungen, bei denen der gesamte Körper beansprucht wird. Viele Bewegungen werden durch Fotos anschaulich gemacht, einige werden nur beschrieben bzw. als Übungsvariante dargestellt. Neben den Anweisungen zur Bewegungsausführung sind noch die speziellen Trainingseffekte und die beanspruchte Muskulatur aufgeführt. Sie können sich dadurch ein individuelles Trainingsprogramm im Wasser zusammenstellen. Bedenken Sie, daß verschiedene Armbewegungen auch mit Beinübungen kombiniert werden können. Es lassen sich auch zwei unterschiedliche Bewegungen im Wechsel ausführen (s. Übung GA 11).
Die Übungen können je nach Leistungsstand mit oder ohne Trainingsgeräte durchgeführt werden. Der Unterschied liegt in der Übungsintensität. Viele Geräte wie Bälle, Bretter, Frisbees, Hanteln oder Paddles erhöhen den Widerstand bei den Bewegungen.

Einige Hilfsmittel können aber gleichzeitig den Auftrieb des Übenden erhöhen (Bretter, Hanteln, Aqua-Jogger®), so daß ein Training in einer Art Schwerelosigkeit möglich ist. Die Übungen mit Auftriebshilfe sind in einem Block zusammengefaßt. Abschließend haben wir einige Ideen für verschiedene Partnerübungen dargestellt, die sich noch unendlich erweitern lassen.
Die einzelnen Übungsformen können außerdem in verschiedenen Wassertiefen durchgeführt werden. Bedenken Sie bei der Auswahl der Tiefe: je flacher das Wasser ist, desto weniger Widerstand trifft auf den Körper (Bewegungen für Arme/Schulter und Rumpf). Für Bewegung der unteren Extremitäten wird die Intensität erhöht, da der Körper weit aus dem Wasser herausragt, verringert sich die Auftriebswirkung.
Bei der Ausführung der Übung sollte es Ihr Ziel sein, eine rückenschonende Ausgangsstellung einzunehmen. Diese kann durch das sogenannte Beckenkippen erreicht werden: Dabei werden die Bauchmuskulatur angespannt, der untere Beckenteil vorgeschoben und die Knie leicht gebeugt. In dieser Ausgangsstellung wird der Lendenbereich gestreckt und entlastet. Die physiologische Hohlkreuzhaltung wird aufgehoben. Der untere Bereich der Wirbelsäule wird durch die Kippung fixiert und kann Dreh- und Scherbewegungen standhalten.

Schulter-/Armbewegungen: (Übung S = Schulter)

Übung S 1

Übungsziel:
- Lockerung und Beweglichmachung des Schultergürtels

Durchführung:
Breite, stabile Ausgangsstellung, Stab oder Seil am Ende fassen. Bei aufrechtem Oberkörper Stab oder Seil vor und hinter dem Körper schwingen.

Fehler:
- Oberkörper vorgebeugt
- Stab schaut nur minimal aus dem Wasser heraus

Übung S 1: Stab wird vor dem Körper geschwungen

Übung S 2: Stab wird hinter dem Körper geschwungen

Übung S 2

Übungsziel:

– Mobilisation des Schultergürtels

Durchführung:

siehe Übung S 1, Stab so weit aus dem Wasser heben und über Kopf drehen, daß die Stabspitze, die zuerst aus dem Wasser auftaucht, als erste wieder eintaucht. Richtung wechseln.

Fehler:

– Stabenden werden losgelassen
– Oberkörper dreht mit

Übung S 3

Übungsziel:

– Dehnung Brustmuskulatur (M. Pectoralis)
– Mobilisation Schultergürtel

Durchführung:
Breiter, stabiler Stand, Stab oder Seil hinter dem Körper an den Seilenden fassen. Die gestreckten Arme zur Wasseroberfläche schieben.

Fehler:
- Oberkörper fällt nach vorn
- Arme nicht gestreckt

Übung S 3

Übung S 4

Übungsziel:
- Stabilisation des Schultergürtels und Rumpfes
- Wasserdruck fühlen

Durchführung:
Breiter, stabiler Stand, Hände vor dem Körper falten. Verschiedene Figuren unter Wasser zeichnen (Kreise, Achterschwünge, Zickzacklinien etc). Richtung wechseln.

Fehler:
- Oberkörper ragt zu weit aus dem Wasser
- Bewegungen zu klein

Übung S 5

Übungsziel:
- Stabilisation der Schulter
- Kräftigung der Armmuskulatur (M. Biceps, M. Triceps Brachii)

Durchführung:
Breite, stabile Ausgangsstellung, Hände umfassen das Auftriebsmittel (Brett), mit Hilfe von Schulter- und Armkraft das Gerät unter Wasser drücken, anschließend wieder zur Wasseroberfläche hochziehen.

Fehler:
- Oberkörper legt sich auf die Auftriebshilfe
- ein Arm drückt stärker als der andere Arm

Übung S 6

Übungsziel:
- Stabilisation der Schulter
- Kräftigung der Armmuskulatur (M. Biceps, M. Triceps Brachii)
- Mobilisation Rumpf

Durchführung:
Breite, stabile Ausgangsstellung, Auftriebshilfe unter der rechten und linken Hand. Wechselseitig die Geräte unter Wasser drücken und auftreiben lassen. Oberkörper geht mit.

Fehler:
- Oberkörper fällt nach vorn (Verwringung des Rumpfes)
- Hand umfaßt die Auftriebshilfe (z. B. Brettkante)

Übung S 7

Übungsziel:
- Kräftigung der Schultermuskeln
- Stabilisation Rumpf

Übung S 5

Übung S 7

Durchführung:
Breite, stabile Ausgangsstellung, Auftriebsmittel unter der rechten Hand minimal unter der Wasseroberfläche. Arme im Wechsel belasten.

Fehler:
- Auftriebsmittel an der Wasseroberfläche
- zu starke Verdrehung des Oberkörpers

Übung S 8

Übungsziel:
- Stabilisation der Arme und des Schultergürtels
- Dehnung und Kräftigung der Brust und der hinteren Schulter (M. Pectoralis, M. Trapezius, M. Rhomboideus)

Durchführung:
Breite, stabile Ausgangsstellung, an der rechten und linken Hand liegen widerstandsvergrößernde Hilfsmittel (Frisbee, Paddle), die gegen das Wasser gestellt werden. In Schulterhöhe beziehungsweise an der Wasseroberfläche Arme vor dem Körper weit nach außen schieben. Hände drehen, Arme vor dem Körper zusammenführen.

Fehler:
- Arme nicht in Schulterhöhe
- Rundrücken
- Handflächen nicht gegen den Wasserdruck gestellt

Übung S 9

Übungsziel:
- Stabilisation der Schultermuskulatur

Durchführung:
Breite, stabile Ausgangsstellung, Arme seitlich neben dem Körper in Schulterhöhe ausstrecken. Kleine kreisende Bewegung der Arme unter Wasser.

Fehler:
- fehlende Armspannung
- Arme kommen aus dem Wasser heraus

Übung S 9

Übung S 11

Übung S 10

Übungsziel:
- Kräftigung der Schultermuskeln
- Stabilisation des Rumpfes

Durchführung:
Breiter, stabiler Stand, aufrechter Oberkörper. Arme leicht gebeugt, nah vor dem Körper gehalten. Ellenbogen ziehen zur Wasseroberfläche und werden vor dem Körper wieder zusammengeführt.

Fehler:
- Arme sind gestreckt
- Rundrücken

Übung S 11

Übungsziel:
- Stabilisation und Kräftigung der Arm- und Schultermuskulatur

Durchführung:
Breiter, stabiler Stand, Schwimmbrett mit der rechten Hand an der Außenkante fassen. Das Brett längs neben den Körper unter Wasser drücken. Arme abwechselnd.

Fehler:
– Oberkörper kippt über die Seite

Übung S 12

Übungsziel:
– Stabilisation des Hand- und Schultergelenkes
– Kräftigung der Unterarmmuskulatur

Durchführung:
Breiter Ausfallschritt, rechtes Bein steht vorn. Den linken Arm seitlich neben dem Körper vor- und zurückschwingen. Handfläche gegen den Wasserdruck stellen. Nach einigen Wiederholungen Arme und Beine wechseln.

Übung S 12: Zur Intensitätssteigerung werden Paddles oder ein Ball eingesetzt.

Übung S 13: Zur Steigerung der Intensität wird mit Wasserhanteln trainiert.

Fehler:
– Oberkörper dreht mit
– Hand drückt nicht gegen das Wasser

Übung S 13

Übungsziel:
– Kräftigung der Armmuskulatur
– Stabilisation des Rumpfes

Durchführung:
Breite Ausgangsstellung, die Arme vor dem Körper in Schulterhöhe. Abwechselnd gegen den Wasserwiderstand boxen.

Fehler:
– Oberkörper dreht sich mit
– Arme über Wasser

Übung S 14

Übungsziel:
– Kräftigung der Armmuskulatur (M. Biceps, M. Triceps Brachii)
– Gesamtkörperspannung

Durchführung:
Breite Ausgangsstellung, Beine gebeugt, so daß nur noch der Kopf aus dem Wasser herausragt. Arme gebeugt, Oberarme liegen am Oberkörper an. Handflächen nach oben geöffnet, Finger umfassen eine Wasserhantel. Wechselseitig die Arme beugen und strecken.

Fehler:
– Oberarme lösen sich vom Oberkörper

Übung S 14

8

Übung S 15

Übungsziel:
- Kräftigung der Unterarmmuskeln

Durchführung:
Breite Ausgangsstellung, Knie gebeugt. Oberarme liegen am Oberkörper an. Hände halten je eine Wasserhantel. Bewegung aus dem Handgelenk. Die Handflächen zeigen anfangs zum Beckenboden, nach einigen Bewegungen Hände drehen.

Fehler:
- Bewegung aus dem gesamten Arm
- Handgelenk rotiert bei der Bewegung
- Rundrücken

Rumpfbewegungen: (Übung R = Rumpf)

Übung R 1

Übungsziel:
- Stabilisation der Rumpfmuskulatur
- Mobilisation des Schultergürtels

Durchführung:
Breite, stabile Ausgangsstellung, die rechte Hand hält eine Auftriebshilfe. Das Gerät unter Wasser um den Körper herumgeben. Oberkörper ist aufgerichtet. Richtung wechseln.

Fehler:
- Oberkörper dreht über die Seite

Übung R 2

Übungsziel:
- Stabilisation der Rumpfmuskulatur

Durchführung:
Stabiler Stand, Hände fassen die Stabenden. Stab hinter den Kopf legen. Knie so weit beugen, daß nur noch der Kopf aus dem Wasser herausschaut. Oberkörper wird gedreht,

rechte und linke Schulter werden abwechselnd vorgeschoben.

Fehler:
- Hüfte dreht mit
- Stab wird einseitig angehoben

Übung R 2

Übung R 3

Übungsziel:
- Kräftigung der Rumpfmuskulatur
- Stabilisation des Schultergürtels

Durchführung:
Stabile Ausgangsstellung, das widerstandsvergrößernde Hilfsmittel in beiden Händen halten. Bei aufgerichtetem Oberkörper die Arme an der Wasseroberfläche wie ein Scheibenwischer abwechselnd zur rechten und linken Seite pendeln.

Fehler:
- Hilfsmittel weichen dem Wasserdruck aus
- Rundrücken

8

Übung R 4

Übungsziel:
- Kräftigung der Rumpfmuskulatur
- Stärkung des Herz-Kreislauf-Systems

Durchführung:
Aufrechter Stand, die Füße stehen eng nebeneinander, Arme seitlich neben dem Körper ausgestreckt. Twistsprünge auf der Stelle ausführen. Hüfte und Füße drehen abwechselnd zur rechten und linken Seite. Arme halten das Gleichgewicht.

Übung R 4

Übung B 1

Fehler:
- der gesamte Körper dreht über die Seite
- Sprünge nur auf den Fußballen

Beinbewegungen: (Übung B = Beinbewegung)

Übung B 1

Übungsziel:
- Mobilisation des Hüftgelenks
- Kräftigung der Oberschenkelinnen- und -außenseite (M. Adductor, M. Gluteus)

Durchführung:
Aufrechter Stand, die Körperfront zeigt zum Beckenrand, Hände fassen den Rand oder die Haltestange. Das Gewicht auf das rechte Bein verlagern. Das linke Bein gestreckt zur Seite anheben. Am höchsten Punkt das Bein wieder heranziehen. Nach mehreren Wiederholungen das Bein wechseln.

Fehler:
- Hüfte und Oberkörper kippen über eine Seite
- Fußspitze nicht zum Körper angezogen

Übung B 2

Übungsziel:
- Mobilisation der Hüfte

Durchführung:
Stabiler Stand, die Körperfront zeigt zum Beckenrand. Die Hände fassen den Beckenrand oder die Haltestange. Das Körpergewicht auf das rechte Bein verlagern, linkes Bein beugen (Kniewinkel ca. 90 Grad). Das gebeugte Bein über die Seite nach außen rotieren und wieder vor den Körper bringen. Nach einigen Wiederholungen das linke Bein trainieren.

Fehler:
- der gesamte Körper dreht sich mit
- Bein nur minimal vom Boden abgehoben

Übung B 3

Übungsziel:
- Mobilisation der Hüfte
- Kräftigung der Hüftmuskeln (M. Iliopsoas, M. Gluteus)

Durchführung:
Seitlicher Stand am Beckenrand, die rechte Hand faßt die Beckenkante. Gewicht auf das rechte Bein verlagern. Linken Fuß vom Boden lösen, und das Bein vor- und zurückschwingen. Beine nach einigen Bewegungen wechseln, d. h. Körperdrehung und die linke Hand faßt den Beckenrand.

Übung B 3

8

Fehler:
- Hohlkreuz, Bein schwingt zu weit zurück
- Bein stark gebeugt

Übung B 4

Übungsziel:
- Dehnung und Kräftigung der Hüftmuskulatur

Durchführung:
Seitlicher Stand, die rechte Hand faßt den Beckenrand. Körpergewicht auf das rechte Bein verlagern. Linkes Bein beugen, Knie weit zur Brust ziehen, anschließend das Bein weit hinter den Körper zum Boden strecken. Zum Beinwechsel den Körper drehen.

Fehler:
- Rundrücken
- Fuß ist gestreckt

Übung B 5

Übungsziel:
- Mobilisation der Hüfte
- Kräftigung der Beinmuskeln

Durchführung:
Seitlicher Stand, die rechte Hand faßt den Beckenrand. Körpergewicht auf das rechte Bein verlagern. Mit dem linken Bein kreisende Bewegungen, das heißt das Bein vorschwingen und über die Seite nach hinten führen. Nach mehreren Kreisen die Ausgangsstellung und das Bein wechseln.

Fehler:
- Hüfte kippt zur Seite
- Bewegung zu groß, Gleichgewichtsprobleme

Übung B 6

Übungsziel:
- Kräftigung und Dehnung der Unterschenkelmuskeln (M. Gastrocnemius, M. Soleus, M. Tibialis Anterior)

- Mobilisation des Sprunggelenks
- Gleichgewichtsschulung

Durchführung:
Hüftbreiter Stand, Fersen stehen auf dem Beckenboden, Fußspitzen angezogen. Gewicht verlagern, Fußspitzen am Boden, Fersen abgehoben. Ständiger Wechsel vom Fersenstand zum Zehenspitzenstand.

Fehler:
- Fußspitzen nicht weit genug angezogen
- Oberkörper weit vorgebeugt

Übung B 7

Übungsziel:
- Kräftigung der Beinmuskulatur
- Stabilisation des Herz-Kreislauf-Systems

Durchführung:
Aus dem Stand die Beine in kleinen Sprüngen grätschen und im Schlußsprung wieder zusammenführen. Die Arme seitlich zur Stabilisation des Gleichgewichts. Je höher die Sprünge, desto intensiver die Belastung.

Fehler:
- Sprünge nur auf den Fußballen

Übung B 8

Übungsziel:
- Kräftigung der Beinmuskeln
- Mobilisation der Hüfte
  Stabilisation des Herz-Kreislauf-Systems

Durchführung:
Aus dem breiten Stand im Sprung die Beine grätschen. Zweiter Sprung Beine überkreuzen sich, linkes Bein vorn. Dritter Sprung grätschen. Vierter Sprung Beine überkreuzen sich, rechtes Bein vorn. Arme seitlich zur Gleichgewichtsstabilisation.

Fehler:
- Beine zwischen den Überkreuzungen nicht gegrätscht
- Hüfte wird verdreht

Übung B 9

Übungsziel:
- Kräftigung der Beinmuskeln
- Dehnung der Streckmuskulatur der Beine
- Stärkung des Herz-Kreislauf-Systems

Durchführung:
Stand im Ausfallschritt, rechtes Bein steht vorn. Im Sprung Beine wechseln, d. h. linkes Bein vorschieben, rechtes Bein zurückführen. Arme zur Stabilisation seitlich neben dem Körper.

Fehler:
- Abstand zwischen den Füßen zu groß
- Oberkörper dreht sich über die Seite

Übung B 10

Übung B 11

Übung B 10

Übungsziel:
- Dehnung der Oberschenkelvorderseite
- Kräftigung der Oberschenkelrückseite

Durchführung:
Aufrechter Stand, Fersen abwechselnd zum Gesäß heranziehen. Je nach Intensität im Stand oder Lauf.

Fehler:
- Hohlkreuz
- Hüfte bleibt nicht gestreckt

Übung B 11

Übungsziel:
- Kräftigung des Hüftbeugers
- Dehnung des Gesäßmuskels

Durchführung:
Aus dem Stand, abwechselnd die Knie zur Brust ziehen.

Fehler:
- Oberkörper vorgebeugt

Übung B 12

Übungsziel:
- Dehnung der Oberschenkelrückseite
- Kräftigung der Beinmuskulatur

Durchführung:
Aus dem Stand, das gestreckte linke Beine zur Wasseroberfläche heben. Die rechte Hand versucht die Fußspitze zu berühren. Die Beine wechselseitig heben.

Übung B 12

8

Fehler:
- Rundrücken
- rechte Hand zum rechten Fuß statt diagonal

Übung B 13

Übungsziel:
- Kräftigung der Beinstreckmuskeln
- Sensibilisierung der Fußarbeit

Durchführung:
Aus dem Stand, eine Auftriebshilfe (Schwimmbrett) unter die linke Fußsohle bringen. Das rechte Bein als Standbein. Linkes Knie beugen, das Brett unter dem Fuß halten, anschließend das Brett zum Beckenboden drücken. Nach mehreren Wiederholungen das Bein wechseln. Nach einiger Übungszeit eventuell unter beide Füße ein Brett legen und durch das Wasser gehen.

Fehler:
- Fuß nur minimal abgehoben

Ganzkörperbewegungen: (Übungen G = Ganzkörper)

Übung G1

Übungsziel:
- Lockerung der gesamten Muskulatur
- Kräftigung der Beine
- Stärkung des Herz-Kreislauf-Systems

Durchführung:
Lockeres Laufen im Wasser. Variation zwischen der Schöpf- oder Joggingarmbewegung.

Übung B 13

Übung G 1: Aqua-Jogging mit der Schöpfarmbewegung im brusttiefen Wasser (links) – Übung G 2 (rechts)

Fehler:
- Oberkörpervorlage
- Knie stark gebeugt

Übung G 2

Übungsziel:
- Stabilisation der gesamten Skelettmuskulatur
- Stärkung des Herz-Kreislauf-Systems
- Koordination der Arm-/Beinbewegung

Durchführung:
Stand im weiten Ausfallschritt, das linke Bein steht vorn. Im Sprung die Beine wechseln, rechts vor, links hinten. Die Arme schwingen gegengleich mit. Beine und Arme wechseln.

Fehler:
- zu kleiner Ausfallschritt
- Arme schwingen nicht weit genug vor und zurück

Übung G 3

Übungsziel:
- Kräftigung der Arm- und Beinmuskulatur
- Training der Ganzkörperspannung
- Stabilisation des Herz-Kreislauf-Systems

Übung G 3: Ausgangsstellung, Übung mit Wasserhanteln (links) – Übung G 3: Endstellung (rechts)

Durchführung:
Breiter, stabiler Stand, die Arme in leichte Beugestellung vor dem Körper. Im Sprung die Beine grätschen, gleichzeitig heben die Arme seitlich bis zur Wasseroberfläche oder sogar aus dem Wasser heraus. Beine wieder etwas schließen, Arme vor dem Körper zusammenbringen.

Fehler:
- zu enge Grätsche
- Ellbogen führen die Armbewegung nicht an, Arme gestreckt
- Rundrücken

Übung G 4

Übungsziel:
- Mobilisation der Hüfte
- Kräftigung des Hüftbeugers (M. Iliopsoas)
- Stabilisation des Schultergürtels

Durchführung:
Hüftbreiter Stand, abwechselnd ein Knie zur Brust ziehen. Hände halten ein Gerät (Ball, Brett etc.) und geben dies unter dem gebeugten Bein durch.

Variation:
Gerät erst um den Körper geben, dann abwechselnd unter einem Bein

Fehler:
- Beine nicht abwechselnd gehoben
- Rundrücken

Übung G 5

Übungsziel:
- Kräftigung der Rumpf- und Beinmuskulatur

Übung G 4

Übung G 5

8

Durchführung:
Ausgangsbewegung ist das Joggen auf der Stelle. Drehbewegung aus der Hüfte zur rechten Seite, das rechte Knie etwas höher ziehen als beim normalen Jogging. Die Arme stabilisieren seitlich die Bewegung und drücken gegen das Wasser. Mit kleinen Hüpfbewegungen die Seiten ständig wechseln. Zur Kräftigung speziell der Oberschenkelvorderseite das gebeugte Knie strecken.

Fehler:
- Oberkörper dreht sich mit
- Stand nur auf den Fußballen

Übung G 6

Übungsziel:
- Kräftigung der Beinmuskulatur
- Stabilisation des Herz-Kreislauf-Systems

Durchführung:
Ausgangsstellung, aufrechter Stand, die Beine beugen, Füße drücken kräftig vom Boden ab. Knie zur Brust ziehen, Unterschenkel hängen locker. Arme ziehen seitlich durch das Wasser.

Variation:
Ein Gerät unter den gehockten Beinen durchgeben

Fehler:
- zu kleine Sprünge
- Landung auf einem Bein oder den Fußballen

Übung G 7

Übungsziel:
- Mobilisation aller Gelenke
- Gleichgewichtsschulung

Durchführung:
Im Stand einen Stab an den Enden fassen. Gewicht verlagern auf das rechte Bein, linkes Bein über den Stab heben. Linkes Bein jetzt Standbein, rechtes Bein ebenfalls über den

Stab heben. Den Stab von hinten über den Kopf vor den Körper bringen.

Variation:
abwechselnd vorwärts und rückwärts über den Stab steigen oder sogar springen

Fehler:
– Hände lösen sich vom Stab

Übung G 8

Übungsziel:
– Kräftigung der gesamten Skelettmuskulatur
– Training der Ganzkörperspannung

Durchführung:
Durch das Wasser vorwärts oder rückwärts gehen. Ein Schwimmbrett mit gestreckten Armen unter Wasser vor dem Körper halten. Brett senkrecht zum Boden, um den größtmöglichen Widerstand zu erzeugen.

Fehler:
– Brett schaut aus dem Wasser
– Rundrücken

Übung G 8

8

Übung G 9

Übungsziel:
– Kräftigung der Schulter-/Armmuskulatur
– Gleichgewichtsschulung

Durchführung:
Aufrechter Sitz auf dem Schwimmbrett. Durch Bewegungen der Arme durch das Wasser paddeln. Vorwärts, rückwärts oder Drehungen um die eigene Körperachse.

Fehler:
- Füße mit Bodenkontakt, Brett liegt nicht in der Kniekehle

Gesamtkörperbewegungen mit Auftriebshilfen: (Übungen GA = Gesamtkörper Auftriebshilfe)

Als Auftriebshilfen können der Aqua-Jogger®, die Wet Vest, zwei Schwimmbretter oder Wasserhanteln (Delta Bells™) eingesetzt werden. Sicherlich gibt es noch andere Auftriebsmittel, wichtig bei der Auswahl des Gerätes: der Körper sollte ohne Bewegung schwerelos auf dem Wasser liegen können. Bei den Übungen, die in aufrechter Stellung durchgeführt werden, ist es unumgänglich, im Tiefwasser zu trainieren.

Übung GA 1

Übungsziel:
- Kräftigung der Beinmuskeln
- Mobilisation des Kniegelenks

Durchführung:
In Rückenlage auf dem Wasser liegend führen die Beine Radfahrbewegungen aus. Die Beine werden also abwechselnd gebeugt und gestreckt. Die Arme stabilisieren die Bewegung seitlich neben dem Körper.

Fehler:
- Hüfte stark gebeugt
- Beine führen nur kleine Paddelbewegungen aus

Übung GA 1: Radfahren mit Hilfe des Aqua-Joggers®

Übung GA 2

Übungsziel:
- Lockerung und Kräftigung der Bein- und Hüftmuskeln
- Stabilisation der Rumpfmuskulatur

Durchführung:
In Rückenlage auf dem Wasser, lockeres Auf- und Abschlagen der Beine. Rechtes Bein minimal beugen, mit einem Kick das Knie wieder strecken. Bewegung im schnellen Wechsel der Beine (Rückenbeinschlagbewegung). Die Arme stabilisieren seitlich neben dem Körper die Wasserlage.

Fehler:
- Beine werden gestreckt auf- und abbewegt
- Fuß und Unterschenkel oder Knie schauen aus dem Wasser

Übung GA 3 mit Auftriebshilfe Aqua-Jogger®

8

Übung GA 3

Übungsziel:
- Mobilisation der Wirbelsäule
- Stabilisation der Skelettmuskulatur

Durchführung:
In Rückenlage auf dem Wasser liegend, Beine liegen eng zusammen, Hände stabilisieren seitlich neben dem Körper. Bei fast unbewegtem Oberkörper abwechselnd die rechte und linke Hüfte zur Wasseroberfläche schieben.

Übung GA 3 mit Auftriebshilfe Aqua-Jogger®

Fehler:
- Oberkörper dreht sehr weit über die Seite mit
- Beine ohne Spannung

Übung GA 4

Übungsziel:
- Mobilisation und Kräftigung der Rumpfmuskeln
- Halten der Körperspannung

Durchführung:
Aufrechtes Schweben im Wasser, Arme liegen seitlich neben dem Körper an der Wasseroberfläche, Hände halten eine Auftriebshilfe. Beine schließen und durch ein seitliches Abknicken in der Taille die Beine zur rechten und linken Seite schieben.

Fehler:
- Hüfte gebeugt, Beine schwingen vor dem Körper
- Oberkörper fällt vor, Hohlkreuz

Übung GA 5

Übungsziel:
- Mobilisation und Kräftigung der Rumpfmuskeln
- Stabilisation der gesamten Skelettmuskulatur

Übung GA 4

Übung GA 5

Durchführung:
Aufrechter Stand, Arme seitlich neben dem Körper, Hände fassen eine Auftriebshilfe. Beide Knie beugen, Fersen zum Gesäß ziehen. Die Beine kippen abwechselnd durch Drehung der Taille zur rechten und linken Seite.

Fehler:
- zu kleine Drehungen der Beine
- Körper fällt in Rückenlage

Übung GA 6

Übungsziel:
- Kräftigung der Rumpf- und Beinmuskulatur
- Stabilisation des Schultergürtels

8

Übung GA 6: Ausgangsstellung

Übung GA 6: Endstellung

Durchführung:
Aufrechter Sitz im Wasser, Hände seitlich neben dem Körper fassen eine Auftriebshilfe. Beine vor dem Körper ausgestreckt, abwechselnd die Knie beugen und zum Körper heranziehen und wieder strecken.

Fehler:
- Beine nicht durchgestreckt
- Körper fällt in Rückenlage

Übung GA 7

Übungsziel:
- Kräftigung der Oberschenkelmuskulatur (M. Quadrizeps Femoris, M. Biceps Femoris, M. Semimembranosus, M. Semitendinosus)
- Stabilisation der Skelettmuskulatur

Durchführung:
Aufrechter Sitz im Wasser, die Arme seitlich vom Körper an der Wasseroberfläche, die Hände halten eine Auftriebshilfe, oder es wird der Aqua-Jogger® getragen. Knie werden gebeugt, Unterschenkel hängen locker. Die Beine abwechselnd strecken und wieder beugen.

Übung GA 7

Fehler:
- Oberkörper fällt in Rückenlage
- Bewegungen nicht dynamisch genug

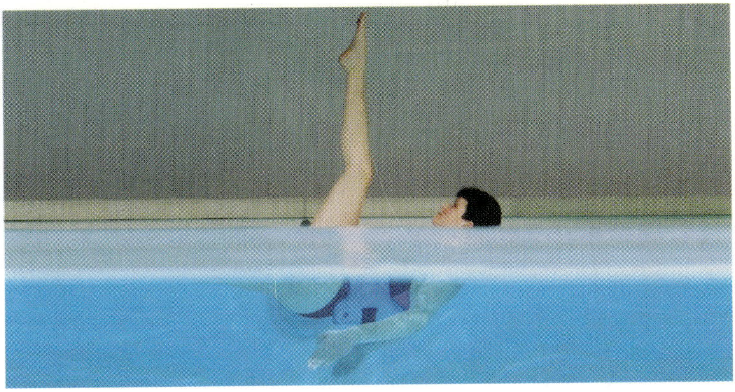

Übung GA 8

Übung GA 8

Übungsziel:
- Kräftigung der gesamten Skelettmuskulatur
- Gleichgewichtsschulung

Durchführung:
In Rückenlage auf dem Wasser liegend das rechte Knie beugen und zum Körper heranziehen. Nach Stabilisation der Ausgangslage das rechte Bein zur Decke strecken. Kurze Zeit versuchen, das Bein gestreckt zu halten, dann Bein wechseln.

Fehler:
- Bein zu schnell gestreckt
- Körper bleibt nicht gestreckt auf dem Wasser

Übung GA 9

Übungsziel:
- Lockerung und Stabilisation der gesamten Skelettmuskulatur

Übung GA 9

Durchführung:
In Rückenlage auf dem Wasser liegend. Entweder den Aqua-Jogger® als Auftriebshilfe nehmen, oder die Hände halten je ein Schwimmbrett. Gleichzeitig Beine spreizen und die Arme seitlich neben dem Körper über Kopf bewegen. Die Arme und Beine anschließend wieder schließen, das heißt die Arme zu den Oberschenkeln ziehen, Beine liegen eng zusammen.

Fehler:
- Kopf angehoben (keine Entspannung)
- Arme und Beine bewegen sich nicht gleichzeitig

Übung GA 10

Übungsziel:
- Kräftigung der Rumpfmuskulatur
- Stabilisation des Schultergürtels
- Halten der Körperspannung

Durchführung:
In Rückenlage auf dem Wasser liegend, Auftriebshilfen einsetzen. Neben dem Aqua-Jogger® möglichst noch eine Sta-

Übung GA 10: Endstellung

bilisationshilfe in den Händen halten (Brett, Hanteln etc.). Aus der Rückenlage langsam den Oberkörper aufrollen, in der Hüfte einknicken und in den aufrechten Sitz kommen. Schließlich den Oberkörper wieder zurücklegen, Hüfte strecken.

Fehler:
- Übung zu schnell durchgeführt
- Körper wird zwischen der Übung nicht richtig gestreckt

Übung GA 11

Übungsziel:
- Kräftigung der gesamten Skelettmuskulatur
- Koordination verschiedener Teilbewegungen

Durchführung:
Aufrechte, schwebende Ausgangsstellung. Koordination von drei Teilbewegungen der Beine: a) Beine grätschen und wieder schließen; b) Knie beugen, zum Körper heranziehen und wieder strecken; c) weiten Ausfallschritt, erst linkes Bein vorn, dann Bein wechseln. Übung beginnt von vorn. Je nach Leistungsstand unterschiedliche Armbewegungen, wie Arme

vor dem Körper kreuzen, Armseitheben oder Arme seitlich schwingen.

Fehler:
- zu schnelle, dadurch unkontrollierte Bewegungen

Partnerübungen: (Übung P = Partner)

Übung P 1

Übungsziel:
- Lockerung und Kräftigung der Schultermuskeln

Durchführung:
Zwei Partner stehen sich in Schrittstellung gegenüber. Zwei Stäbe an den Enden fassen, diese bilden die Verbindung der Partner. Die Arme der Übenden schwingen gleichzeitig vor und zurück. Variation: die Arme wechselseitig ziehen.

Fehler:
- Abstand der Übenden zu weit oder zu nah (Arme können nicht weit genug geschwungen werden)
- Rundrücken

Übung P1

Übung P 2

Übung P 2

Übungsziel:
- Kräftigung der Schulter-/Armmuskulatur
- Halten der Körperspannung

Durchführung:
Zwei Partner stehen sich in Schrittstellung gegenüber. Zwischen den Übenden wird ein Brett mit den Händen unter Wasser gedrückt. Die Partner versuchen sich gegenseitig wegzudrücken.

Fehler:
- Brett schaut aus dem Wasser oder liegt zu tief
- Rundrücken

Übung P 3

Übungsziel:
- Kräftigung der Beinmuskulatur
- Halten der Körperspannung

8

Übung P 3

Durchführung:
Die Partner stehen Rücken an Rücken im Wasser, ein Bein etwas vorgestellt. Beide Übenden versuchen den Partner wegzudrücken. Vorne stehendes Bein wechseln. Arme stabilisieren und drücken das Wasser.

Fehler:
- Ein Partner steht tiefer im Wasser (Gesäß drückt nicht gegen das andere Gesäß)
- Ein Partner ist viel stärker

Übung P 4

Übungsziel:
- Kräftigung der Schulter-/Armmuskulatur

Durchführung:
Zwei Partner stehen sich in Schrittstellung gegenüber. Die Handinnenflächen der Übenden aufeinanderlegen. Rechte Hand liegt von oben, linke Hand von unten an der Hand des Partners. Versuchen die Hand des Partners hoch- beziehungsweise unter Wasser zu drücken. Hände wechseln.

Übung P 4

Fehler:
- Abstand zu weit, Arme sind gestreckt
- Rundrücken

Sicherheitstips

Bevor Sie sich Ihr individuelles Aqua-Fitneß-Training zusammenstellen, sind noch einige Sicherheitstips zu beachten, die bei einem Training im Wasser unbedingt eingehalten werden sollten!

8

Sicherheitstips für die Aqua-Fitneß

- Trainieren Sie im Wasser niemals alleine. Achten Sie immer darauf, daß sich eine Person in der Nähe befindet, die im Notfall gerufen werden kann. Wenn Sie die Möglichkeit haben, im offenen Gewässer zu trainieren, sollten Sie sich mit den äußeren Gegebenheiten, wie Strömung, Beschaffenheit des Bodens oder Unterwasserhindernisse, vertraut machen. Ziehen Sie sich vorsichtshalber ein paar wassergeeignete Schuhe an.

- Vor einer Aqua-Fitneß-Einheit sollte niemals Alkohol getrunken werden. Diese Regel gilt zwar auch bei einem Training an Land, ist aber im Wasser aufgrund der schlechter werdenden Koordination und Balance von lebenswichtiger Bedeutung.
- Warten Sie etwa zwei bis drei Stunden nach einem umfangreichen Essen, bevor Sie mit dem Training im Wasser beginnen.
- Bei niedriger Wassertemperatur sollte sofort mit dem Aqua-Jogging oder anderen Aufwärmübungen begonnen werden, um Unterkühlung zu vermeiden.
- Bei Sprungübungen im Wasser sollten Sie dann einatmen, wenn Sie die größte Höhe erreicht haben, und ausatmen, wenn Sie wieder auf den Füßen landen. Damit vermeiden Sie das unangenehme Schlucken von Wasser.
- Suchen Sie sich in einem gut besuchten Schwimmbad einen Platz, wo Sie niemanden behindern.
- Starten Sie jede Aqua-Fitneß-Trainingseinheit mit ruhigen und langsamen Bewegungen und steigern Sie das Tempo je nachdem wie Sie sich fühlen.

Anhang

Herstellernachweis

ARENA
SMV Sport und Mode
Vertriebsgesellschaft mbH &
CO. KG
Berneckerstr. 77
95448 Bayreuth
Tel.: 0921/93090
Fax: 0921/9309 30

Hauser Sportartikel
Maulbronner Str. 28
71063 Sindelfingen
Tel.: 07031/700716
Fax: 07031/700718

Literaturverzeichnis

Beigel-Guhl, Karin, A. Brinckmann: Wassergymnastik. Rowohlt Verlag Hamburg 1989.

de Mondenard, J.-P.: Rehabilitation: Laufen im Wasser. Leichtathletik (30) 1991, Nr. 11, 15–18.

Dargatz, Thorsten, A. Koch: Herz-Kreislauftraining. Sportinform Verlag München 1994.

Einsingbach, Thomas, A. Klümper, L. Biedermann: Sportphysiotherapie und Rehabilitation. Thieme Verlag Stuttgart 1988.

Freyer, Peter: Aquatic Fitness Programme sind gesund! Pool Nr. 3, Düsseldorf 1994.

Groos, Erika, D. Rothmeier: Ausdauergymnastik. Rowohlt Taschenbuchverlag Hamburg 1991.

Huey, Linda, Robert Forster: The Complete Waterpower Workout Book. Random House New York 1993.

Hollmann, Wildor, Th. Hettinger: Sportmedizin, Arbeits- und Trainingsgrundlagen. Schattauer Verlagsgesellschaft mBH Stuttgart/New York 1990 (3).

Kempf, Hans-Dieter: Gesund und aktiv im Wasser. Celle 1990.

Newsholme, Eric, Tony Leech, Glenda Duester: Keep on Running. John Wiley & Sons England 1994.

Scholich, Manfred: Circle-Training. Sportverlag Berlin 1991.

Völker, K., O. Madson, D. Lagerstrom: Fit durch Schwimmen. Perimed Fachbuch Verlagsgesellschaft Erlangen 1983.

Weineck, Jürgen: Optimales Training. Perimed-Fachbuchverlag Erlangen 1988.

Wilke, Kurt (Hg.): Schwimmsport-Praxis. Rowohlt Verlag Hamburg 1990.

Zeitvogel, Margot: Aqua Training. Rowohlt Verlag Hamburg 1992.